UNE ANNÉE

DE LA VIE

DE L'EMPEREUR

NAPOLÉON.

AVIS

SUR CETTE TROISIÈME ÉDITION.

LES deux premières éditions de cet ouvrage ont été enlevées en très-peu de temps ; celle-ci a été revue avec un soin minutieux. Elle est telle maintenant que l'ouvrage doit rester.

Tous les exemplaires qui ne seront pas revêtus de ma signature, seront réputés contrefaits.

IMP. FR.
RENOVATIO
XX MARS
1815
MARENGO
AUSTERLITZ
WAGRAM
La France soulève le voile qui la couvrait et renaît à l'Espérance

UNE ANNÉE

DE LA VIE

DE L'EMPEREUR

NAPOLÉON,

OU

Précis historique de tout ce qui s'est passé depuis le 1er avril 1814 jusqu'au 21 mars 1815, relativement à S. M. et aux braves qui l'ont accompagnée; contenant son départ de Fontainebleau, son embarquement à Saint-Rapheau près Fréjus, son arrivée à Porto-Ferrajo, son séjour à l'île d'Elbe et son retour à Paris.

Par A. D. B. M***, lieutenant de grenadiers,

AVEC UNE BELLE GRAVURE ALLÉGORIQUE.

TROISIÈME ÉDITION,
revue et corrigée.

PARIS,

ALEXIS EYMERY, libraire, rue Mazarine, n.o 30.
1815.

DE L'IMPRIMERIE DE J.-B. IMBERT.

UNE ANNÉE
DE LA VIE
DE L'EMPEREUR
NAPOLÉON.

La lutte d'un seul peuple contre vingt peuples conjurés, cette croisade de tous les monarques contre un seul monarque, jusqu'alors vainqueur de tous, avaient placé le théâtre de la guerre non loin des murs de la capitale.

Vingt années d'exploits, de triomphes, les combinaisons les plus profondes, les manœuvres les plus savantes, les marches les plus rapides, les batailles les plus glorieuses, tout ce que la science de la guerre, et l'infatigable ardeur d'un génie qu'exaltaient encore les obstacles, et que soutenaient le courage et le dévouement d'une armée indomptable , devaient échouer sous les efforts de la trahison et de la perfidie.

Un soldat, devenu maréchal de l'Empire, avait livré Lyon et son armée; un soldat , devenu maréchal de l'Empire après avoir abandonné Paris à l'*Europe en armes*, *pour accélérer la paix du monde* (1) , *pour le bonheur de la France et du monde entier* (2), traversait les lignes des alliés avec sa division , qui ne pouvait le soupçonner de félonie (3).

---

(1) Proclamation du prince de Schwart-zemberg.

(2) Proclamation de l'Empereur Alexandre.

(3) Les habitans de Versailles n'ont point encore oublié avec quelle véhémence cette division , trahie par son chef, exprima son indignation. Sans la prudence et le sang froid de M. le chevalier Jouvencel , maire, la ville devenait le théâtre d'un combat entre dix mille Français , et près de trente mille Russes et Prussiens logés chez les citoyens , ou campés autour de la pièce des Suisses.

Abandonnant celui qui l'avait toujours traité comme un ami fidèle, laissant un des flancs de l'armée sans défense, il osait encore traiter pour la vie et la liberté de son général, de son Empereur (1).

---

(1) *Adhésion du duc de Raguse.* « Que si, par » suite de ce mouvement, les événemens de la » guerre faisaient tomber entre les mains des » puissances alliées la personne de Napoléon » Bonaparte, sa vie et sa liberté lui seront » garanties dans un espace de terrain et dans » un pays circonscrit au choix des puissances » alliées et du gouvernement français. » (*Moniteur du 7 avril*). La colonne voisine du même journal offre un rapprochement singulier dans la conduite d'un général vraiment français.

En invitant ses frères d'armes à ne point s'écarter de leur devoir, il ajoutait :

« La nuit dernière des corps entiers ont quitté » leurs positions : j'avais l'ordre d'occuper Cor- » beil, aucun ordre contraire ne m'a été donné, » je suis donc resté fidèle avec vous à mon » poste. *Les braves ne désertent jamais : ils doivent* » *mourir à leur poste.* Nous avons constamment » servi la patrie, nous la servirons avec loyauté » sous tout gouvernement que la majorité de » la nation adoptera. *Les corps armés ne doivent*

Les alliés avaient fait leur entrée solennelle dans Paris : quinze heures plus tard ils s'éloignaient vaincus, ou n'y entraient plus que domptés et captifs (1).

» *pas délibérer, mais obéir.* Les hommes guidés
» par l'honneur et la fidélité sont partout et
» toujours respectés. »

Signé le général LUCOTTE.

Corbeil, 5 avril, trois heures après midi.

(1) Ils étaient coupés de leurs parcs de réserve, de leurs magasins ; l'Empereur manœuvrait sur leurs derrières ; et tout Paris attestera, j'entends tous les vrais Français, que l'on refusait des armes à de vieux soldats devenus d'honnêtes artisans, et qui brûlaient de se défendre ; aux habitans des faubourgs ; au peuple enfin, dont le patriotisme n'eut pas été comprimé par la crainte de voir brûler ses habitations, et à qui l'on faisait payer jusqu'aux piques qui devaient lui être fournies, tandis que plus de cent mille fusils neufs furent livrés ensuite aux troupes ennemies.

Le parc d'artillerie demeura presque en entier au Champ-de-Mars ; les pièces que servit la jeunesse guerrière de l'école polytechnique, restè-

Le sénat conservateur, si docile tant que le prince avait été heureux ; le sénat, au nombre de soixante-six mem-

---

rent sans munitions ; des obus furent envoyés pour des boulets, des boulets pour des obus ; on trouva du son, du charbon pilé dans des cartouches et des gargousses ; enfin des pelotons d'infanterie, qui gênaient par un feu trop bien nourri quelques corps russes qui se préparaient à tourner la butte Chaumont, reçurent ordre d'occuper des positions où ils ne pouvaient plus nuire à l'ennemi.

Nombre d'officiers russes, une fois tranquilles dans Paris, avouèrent naïvement qu'il ne leur restait pas pour seize heures de munitions. Le comte Langeron, qui conserve encore l'âme d'un Français en servant la Russie, répondit à un de ces jeunes gens que l'on vit depuis décorés de l'uniforme vert et de l'épaulette, et qui le félicitait, comme général russe, du peu d'efforts qu'avait exigé la soumission rapide de la capitale : « On voit bien que vous n'avez » pas fait la campagne, monsieur. Moi qui l'ai » faite et me vois à Paris, je suis encore étonné » d'y être ».

bres (1), implorait une audience d'A-
lexandre , se déclarait libre sous trois
cent mille baïonnettes russes, et *pour
accourir au secours d'une nation délais-
sée....* (2) et par la seule autorité qu'il
s'était déléguée, osait délier le peuple
français et l'armée du serment prêté au
monarque, tandis qu'il marchait au secours de sa bonne ville , avec ces vieilles
bandes dont l'ennemi n'avait jamais pu
soutenir les regards (3).

Un désir, exprimé d'abord par un faible
parti dans la capitale, un désir manifesté
ensuite comme le vœu unanime des Français, provoqua bientôt du gouvernement
provisoire un décret qui *rappelait au
trône héréditaire de saint Louis , la race
antique de nos rois , le chef de la maison
de Bourbon , sous la garantie d'une cons-*

---

(1) Dix au moins n'étaient pas Français.

(2) Moniteur d'avril. (*Discours du prince de
Bénévent.*)

(3) *Voilà les gros bonnets*, disaient-ils, et rien
ne pouvait les faire tenir.

titution qui devait assurer à jamais les droits de la nation , du monarque et des citoyens (1).

C'est alors que l'Empereur , qui pouvait en appeler à la nation des décrets de soixante et quelques sénateurs , et que *la volonté seule du peuple librement convoqué , eût pu déterminer à porter plus long-temps le faix d'une couronne* (2), voulant éviter des déchiremens toujours funestes pour la patrie , annonça à l'armée que les puissances alliées proclamant qu'*il était le seul obstacle au rétablissement de la paix en Europe* (3), *il n'était aucun*

---

(1) Expression des adresses des grands corps de l'Etat. (*Moniteur du 5 avril.*)

(2) Ordre du jour de sa majesté. (Fontainebleau , 4 avril.)

(3) L'Empereur de Russie , dans l'audience qu'il donna au Sénat , déclara qu'il *avait fait la guerre à Napoléon et non à la France.* (Moniteur du 2 avril.)

sacrifice, même celui de la vie, qu'il ne fût prêt à faire pour le bonheur des Français (1).

La soumission si prompte de Paris, l'abandon, l'ingratitude des grands corps de l'état; les défections de quelques généraux, la désertion inouïe d'un maréchal qu'il avait cru jusqu'alors à l'épreuve des séductions, incapable de capituler avec l'infamie; tant de coups reçus à la fois avaient un moment étonné la grande âme de l'Empereur; mais bientôt il se montra à ses gardes fidèles, calme, impassible, comme au sein des batailles.

Prêt à partir pour cet exil, dont la pensée humaine ne pouvait alors prévoir le terme, il ne craignait pas de laisser au libre choix des guerriers qui s'étaient si constamment dévoués pour la cause du monarque triomphateur, le soin de lui faire plus particulièrement connaître

---

(1) Moniteur d'avril.

ceux qui chérissaient en lui l'homme
èt le héros. Parmi toute cette vieille
garde si éprouvée, Français, Polonais,
tous n'exprimaient qu'un sentiment,
tous voulaient suivre leur prince, mais
tous ne pouvaient l'obtenir. Il donna la
préférence à ceux que des liens de famille
moins puissans permettaient d'éloigner de
la patrie, sans que l'absence rendìt leurs
regrets trop amers ; sa sollicitude alla jusqu'à stipuler pour eux leur retour en
France, et la conservation de leurs droits
de citoyens (1).

Entre les braves que la reconnaissance
et le dévouement lièrent à son sort, parurent en première ligne les généraux
de division comtes *Bertrand* et *Drouot*,
l'un grand-maréchal du palais, l'autre
aide-de-camp de S. M. ; le baron *Jerzmanouski*, major des lanciers de la garde ;
l'intrépide général *Cambronne* ; le colonel

---

(1) *Voyez* Moniteur d'avril.

Malet; les capitaines d'artillerie *Cornuel* et *Raoul*; d'infanterie *Lamouret , Loubers, Hureau , Maupez* et *Combe*; de cavalerie polonaise *Balinski* et *Shultz ,* et une foule d'autres officiers, connus du souverain par mille actions d'éclat.

Enfin, le 20 avril, au moment de quitter son palais de Fontainebleau pour abandonner cette terre sacrée de la patrie , cette terre où tant de grands souvenirs , tant de superbes monumens devaient consacrer son nom à la reconnaissance de la postérité , l'Empereur sortit vers midi de ses appartemens, et descendit par le grand escalier dans la cour du Cheval blanc ; il la traversa à pied , au milieu de douze cents grenadiers de sa garde , rangés sur deux haies , depuis l'escalier jusqu'à la grille : quelques officiers d'état-major le suivaient, ainsi que les quatre commissaires des alliés , le général russe comte Souvalow , le général autrichien baron Kooller , général prussien , et le chevalier Neil Campbell , major anglais ; le comte Klam , aide-de-camp du prince de Swartzemberg les accompagnait.

Avant d'arriver à la grille , l'Empereur s'arrêta , fit former le cercle à la troupe , approcher de lui tous les officiers , et prononça d'une voix ferme , quoique émue , un discours dont on a retenu les fragmens suivans.

« Grenadiers et chasseurs de la vieille garde , je vous fais mes adieux : pendant vingt ans je vous ai conduits à la victoire ; pendant vingt ans vous m'avez servi avec honneur et fidélité ; recevez mes remerciemens.

» Mon but a toujours été le bonheur et la gloire de la France. Aujourd'hui les circonstances ont changé…. Lorsque l'Europe entière est armée contre moi ; quand tous les princes, toutes les puissances sont ligués ; lorsqu'une grande portion de mon empire est livrée , envahie ; lorsqu'une partie de la France s'est…. (en cet endroit l'Empereur s'arrêta, puis continuant d'une voix altérée); lorsqu'un autre ordre de choses est établi…. j'ai dû céder.

» Avec vous et les braves qui me sont restés dévoués, j'eusse pu résister encore à tous les efforts de mes ennemis ; mais j'eusse allumé, pour plus de cinq années, la guerre civile dans notre France, au sein de notre chère patrie….

» Officiers, soldats, n'abandonnez pas votre pays trop long-temps malheureux ; soyez soumis à vos chefs, et continuez de marcher dans le chemin de l'honneur où vous m'avez toujours rencontré.

» Ne soyez pas inquiets sur mon sort ; de grands souvenirs me restent : je saurai occuper encore noblement mes instans ; j'écrirai l'histoire de vos campagnes.

» Officiers, soldats, qui m'êtes restés fidèles jusqu'au dernier moment, recevez mes remerciemens, je suis content de vous. Je ne puis vous embrasser tous ; mais j'embrasserai votre général. Adieu, mes enfans ; adieu, mes amis ; conservez-moi votre souvenir ! je serai heureux lorsque je saurai que vous l'êtes vous-mêmes. Venez, général ! »

Alors le général Petit s'est approché, et il l'a embrassé vivement.

« Qu'on m'apporte l'aigle, et que je l'embrasse aussi. »

Le porte-drapeau s'est avancé, a incliné son aigle, et l'Empereur en a embrassé trois fois l'écharpe avec la plus vive émotion.

« Adieu, mes enfans. »

Officiers, soldats, tous étaient attendris ; les larmes roulaient dans les yeux de ces vieux guerriers ; les officiers étrangers eux-mêmes témoignaient par des pleurs involontaires combien ils étaient sensibles à de tels adieux.

L'Empereur reçut alors les derniers hommages de plusieurs personnes de sa maison, qui vinrent lui baiser la main. Il monta ensuite en voiture avec le grand-maréchal du palais, le comte Bertrand, aux cris de *vive l'Empereur !* prononcés

par la garde, au désespoir, répétés par
la foule des soldats et des habitans réunis. En sortant de la grille, il baissa
une des glaces de sa voiture ; on crut le
voir les larmes aux yeux, comme suffoqué des émotions qu'il venait d'éprouver.

Sa voiture était précédée par celle du
général comte Drouot, qui avait avec
lui le chevalier Foureau, médecin de
S. M. ; elle était suivie par celles des commissaires des puissances étrangères ; venaient ensuite les voitures de S. M., celles
de M. le chevalier Peyrusse, trésorier, et
de messieurs les chevaliers Deschamps et
Baillon, fourriers du palais ; M. Gatte,
pharmacien de l'Empereur, et les autres
personnes attachées à la maison de S. M.,
et qui toutes devaient s'embarquer avec
elle, l'accompagnèrent. Sa suite se com-
posait en tout de onze voitures, escortées
d'une compagnie de grenadiers à cheval.

Sa garde, qui ne devait le rejoindre
qu'à l'île d'Elbe, prit à Briare la route de
Lyon par Auxerre.

Sa majesté, arrivée à Briare le soir du même jour, en repartit le 21 à midi, et entra à 9 heures du soir à Nevers. Le 22 elle fut coucher à Rouanne, d'où elle se remit en route le 23; il était environ dix heures et demie du soir quand elle traversa Lyon.

Ce fut à quelque distance au-delà de cette ville qu'eut lieu l'entrevue de S. M. et du duc de Castiglione, et sur laquelle on a fait tant de récits différens.

Le maréchal Augereau, obligé de quitter à la hâte la ville de Valence, où sa vie était menacée par ses soldats mécontens, rencontra l'Empereur à deux lieues en-deçà de l'Isère. S. M. n'avait encore aucune connaissance de la proclamation dans laquelle Augereau lui reprochait de n'avoir pas su mourir en soldat (1).

Le maréchal descendit de voiture, l'Empereur sortit aussi de la sienne. S. M. avait

____

(1) Moniteur d'alors.

son chapeau à la main. Augereau l'embrassa sans ôter la casquette de voyage dont sa tête était couverte. L'entretien qu'il eut avec l'Empereur, en se promenant sur la route, dura près d'une demi-heure. En quittant S. M. il l'embrassa de nouveau sans se découvrir.

L'Empereur, arrivé au bord de l'Isère, se vit contraint de passer avec sa voiture dans un bac, parce que le duc de Castiglione avait fait brûler le pont.

Une lieue plus loin l'Empereur trouva sur la route un bataillon qui lui rendit les honneurs dus aux souverains. Un soldat dit à haute voix : *Sire, le maréchal Augereau a vendu votre armée.*

Le soir du 24, à 9 heures, S. M. entra à Montelimart. Pendant la nuit du 25 elle traversa Orange. Il était six heures du matin quand elle passa à Avignon, et midi lorsqu'elle s'arrêta à la Calade, près d'Aix. Elle s'y reposa jusqu'à une heure du matin, et fut coucher le 26 auprès du *Luc*, dans la maison de M. *Charles*, député au corps législatif.

L'Empereur y rencontra sa sœur, la princesse Pauline. Il s'entretint quelques momens avec elle. Et quoique malade, elle partit le même soir pour *Lemuy*.

Le 27, à 11 heures du matin, S. M. arriva à Fréjus, où elle resta toute la journée du 28; et à huit heures du soir elle se rendit à Saint-Rapheau, dans ce même port où elle avait abordé à son retour d'Egypte, et s'embarqua sur la frégate anglaise *the Undaunted*, capitaine *Usher*.

Les commissaires des puissances alliées accompagnèrent l'Empereur jusqu'au vaisseau. S. M., en montant à bord, reçut de la frégate le salut souverain de 21 coups de canon. Aussitôt qu'elle fut embarquée, le commissaire russe et le commissaire prussien lui firent leurs adieux et s'en retournèrent, mais le commissaire anglais et le commissaire autrichien demeurèrent avec elle.

La traversée fut heureuse. Le 1er. mai on eut un peu de gros temps aux atterrages de Corse ; le 2 n'offrit rien de remarquable : le vent fut assez bon. On rencontra quelques vaisseaux. La santé de S. M. ne fut pas altérée un seul instant. Le 3, à six heures du soir, la frégate mouilla dans la rade de *Porto-Ferrajo*.

Le général comte Drouot, nommé gouverneur de l'île d'Elbe, se rendit à terre pour se faire reconnaître en cette qualité, et se faire remettre les forts de Porto-Ferrajo : il était accompagné du baron Jerzmanouski, nommé commandant d'armes de la place, et de M. le chevalier Baillon, fourrier du palais. La nuit devait être employée aux préparatifs indispensables pour recevoir l'Empereur, ainsi qu'à convoquer les autorités civiles et militaires qui devaient le lendemain se trouver à son entrée. Mais dès le soir les généraux, les officiers de terre et de mer, les magistrats, le clergé et les principaux habitans se rendirent d'eux-mêmes ou en députation au vaisseau qui était encore dans la rade. Tous furent admis en présence de l'Empereur.

Le lendemain 4 au matin, S. M. reçut une nouvelle députation des autorités. Ensuite un détachement de troupes porta dans la ville le drapeau de l'île, envoyé par le souverain. Ce drapeau était blanc, avec une barre rouge en diagonale, et trois abeilles d'azur.

A midi, son inauguration eut lieu ; il fut arboré sur le fort de l'Étoile, et salué par toute l'artillerie de la place et par celle des forts.

La frégate anglaise le salua à son tour ; et les bâtimens de toutes les nations qui étaient alors dans le port en firent autant.

A deux heures, l'Empereur descendit à terre avec toute sa suite, et fit son entrée solennelle. Il fut salué de cent un coups de canon par l'artillerie des forts. La frégate anglaise répondit à cette salve par vingt-quatre coups , son équipage et sa garnison par des hourrahs.

S. M. était vêtue de son habit d'uniforme de colonel des chasseurs à cheval de la garde. Elle portait à son chapeau la cocarde de l'île d'Elbe , qui , comme la cocarde gênoise , est rouge au milieu, et blanche autour ; mais l'on avait ajouté trois abeilles jaunes en or sur le blanc.

A son entrée dans la ville , toutes les troupes étaient sous les armes. L'Empereur fut reçu par les autorités , le clergé , les notables de la ville et une foule d'habitans.

C'était pour le monarque et pour sa suite un spectacle curieux et touchant que la joie naïve des jeunes Elboises , et l'enthousiasme de ces simples pêcheurs , qui , depuis si long-temps , se plaisaient à faire raconter à nos soldats tant d'exploits éclatans et de victoires mémorables où le nom de Napoléon était toujours associé. Sa haute renommée, ses illustres revers, imposaient également. Le calme, la gaieté même avec lesquels S. M. questionnait les moindres citoyens, tout contribuait à les remplir d'un enthousiasme que sa garde hésitait à réprimer. Ils le serraient, le pressaient, le portaient en quelque sorte ; et le héros attendri, éloignant jusqu'au souvenir de la puissance et de l'amitié déçues, écartant jusqu'à la pensée désespérante qu'il laissait ailleurs des âmes *qui feraient pardonner aux rois de mépriser l'espèce humaine* (1), se consolait, se rattachait à l'existence en songeant qu'il allait régner sur des hommes simples et fidèles.

---

(1) « Si l'Empereur avait méprisé les hommes
» comme on le lui a reproché, aujourd'hui le
» monde reconnaîtrait qu'il ne manquait pas
» de raison pour motiver son mépris. Il tenait
» sa dignité de Dieu et de la nation ; eux seuls

Le maire, après une courte harangue, présenta à S. M. les clefs de la ville ; l'Empereur se rendit ensuite avec son cortége à la cathédrale, où l'on chanta un *Te Deum* ; à la sortie de l'église, il fut conduit à l'hôtel de la mairie, provisoirement destiné à lui servir d'habitation.

Là, il fut de nouveau complimenté par les autorités, par les employés supérieurs. Il s'entretint long-temps avec eux, et leur fit diverses questions sur les mœurs des habitans, sur les ressources de l'île, et sur les moyens d'amélioration qui pourraient être le plus promptement et le plus utilement employés. Il y eut ensuite un grand dîner dont il fit les honneurs avec une liberté d'esprit et des manières si franches, si affables, qu'il acheva de gagner tous les cœurs.

» pouvaient l'en priver, etc.» Paroles de l'Empereur (Ordre du jour du 4 avril 1814 à Fontainebleau.)

Le soir, la ville, le port furent spontanément illuminés.

Dès le matin de ce jour, la proclamation
suivante avait été publiée.

Habitans de l'île d'Elbe,

« Les vicissitudes humaines ont conduit
au milieu de vous l'Empereur Napoléon,
et son propre choix vous le donne pour
souverain. Avant d'entrer dans vos murs,
votre auguste et nouveau monarque m'a
adressé les paroles suivantes, que je m'em-
presse de vous faire connaître, parce
qu'elles sont le gage de votre bonheur
futur.

« Général, j'ai sacrifié mes droits aux
» intérêts de la patrie, et je me suis ré-
» servé la propriété et la souveraineté
» de l'île d'Elbe. Toutes les puissances
» ont consenti à cet arrangement ; faites
» connaître aux habitans cet état de
» choses, et le choix que j'ai fait de leur
» île pour mon séjour, en considération

» de la douceur de leurs mœurs et de leur
» climat : dites-leur qu'ils seront l'objet
» de mon intérêt le plus vif... »

» Habitans de l'île d'Elbe, ces paroles n'ont pas besoin de commentaire ; elles formeront votre destinée : l'Empereur vous a bien jugés ; je vous dois cette justice, et je vous la rends.

» Habitans de l'île d'Elbe, je m'éloignerai bientôt de vous : cet éloignement me sera pénible, parce que je vous aime sincèrement ; mais l'idée de votre bonheur adoucit l'amertume de mon départ ; et, en quelque lieu que je puisse être, je me rapprocherai toujours de cette île, par le souvenir des vertus de ses habitans ».

Le général de brigade DALESME.

Porto-Ferrajo, 4 mai 1814.

Les jours suivans furent employés par S. M. aux arrangemens indispensables pour son établissement dans l'île. Des travaux furent ordonnés, commencés et poussés avec vigueur. Le nouveau souverain fit ensuite diverses courses aux environs de *Porto-Ferrajo* et de *Porto-Longone*, s'assura de l'état où se trouvait l'agriculture, de la nature des ressources que les plus pauvres insulaires pouvaient se procurer dans les campagnes ; des différens avantages, des produits plus ou moins certains que leur présentaient le commerce, la pêche, et l'extraction des marbres et des métaux. Il visita les carrières, et surtout les mines de fer, qui font la principale richesse de l'île, et dont lui-même avait autrefois affecté les revenus à la dotation de la légion d'honneur (1).

---

(1) *Notice sur l'île d'Elbe.*

Une courte notice sur l'île d'Elbe me paraît indispensable ici pour éclaircir plusieurs points de la narration.

Elbe (en grec *OEthalie*, en latin *Ilva*, et *Elba* en italien) est une île de la Méditerranée, sur les côtes de la Toscane, vis-à-vis *Piombino*, dont elle n'est séparée que par un canal de dix milles, à treize lieues de l'île de Corse, à qua-

Mais dès lors, et en rassemblant ainsi les premiers aperçus nécessaires, il se

---

rante-cinq de Rome, quatre-vingt-cinq de Naples, et environ trois cent trente de Paris.

J. J. Rousseau a dit, en parlant de la Corse : *J'ai l'idée qu'un jour ce petit coin de terre étonnera l'univers.* Et sa prédiction s'est accomplie. Qui eut pensé qu'un obscur rocher de la Méditerranée fixerait les regards de l'Europe attentive, et devrait au même grand homme sa célébrité à venir !

L'île d'Elbe était connue des anciens et déjà peuplée, que Rome n'était pas encore bâtie.

Strabon, Pline, Ptolomée, Pomponius Mela ont parlé de cette île. Virgile, dans le dixième livre de l'Enéide, en faisant le dénombrement des troupes qui s'étaient rangées sous les drapeaux d'Enée, après son débarquement en Ausonie, y comprend trois cents guerriers venus de l'île d'Elbe.

> *Ast Ilva trecentos*
> *Insula, inexhaustis chalibum generosa metallis.*
> *Ilva*, qui des métaux est la mère féconde ;
> *Ilva*, qui pour ceinture a l'empire de l'onde,
> Y joint trois cents guerriers exercés aux combats,
> Et fournit à la fois son fer et ses soldats.
> (*Traduction de l'abbé Delille.*)

réservait de donner plus particulièrement
ses soins à chaque partie de l'administra-

Cette île forme un triangle presque équilaté-
ral ; on porte sa circonférence à vingt-six lieues,
mais c'est à raison des enfoncemens et des dé-
tours que présentent ses côtes. En 1778 sa population était à peine de huit mille habitans ;
elle s'élève maintenant à près de douze mille.

Le plus long jour y est de quinze heures, et
le pôle s'y élève à la hauteur de quarante-un
degrés et demi.

Les Étrusques l'occupèrent les premiers ;
elle jouit pendant quelques instans du privi-
lége de ces villes de la Grèce qui se gouvernaient
par leurs propres lois , et que l'on nommait
pour cela *Autonomes.* Soumise ensuite tour-à-
tour aux Carthaginois et aux Romains, dévastée
par les Vandales , les Hérules , les Lombards,
après la chute de l'empire d'Occident , elle
tomba sous la domination des Pisans au commencement du onzième siècle. Dans le treizième ,
les Génois enlevèrent aux Pisans et vendirent aux
Lucquois l'île d'Elbe et la principauté de Piombino. Vers le milieu du seizième siècle, le vice-
roi de Naples s'empara de l'île d'Elbe au nom
de l'Espagne ; les Espagnols firent alors forti-

tion de son île, aussitôt que, délivré des
embarras et des occupations intérieures

---

fier *Porto-Ferrajo* et *Porto-Longone*, pour les
mettre à l'abri des attaques des corsaires Turcs.
En 1534, puis en 1544, Barberousse ravagea
l'île, et emmena une partie des habitans en
esclavage ; mais en 1551, il assiégea vainement Porto-Ferrajo, Côme Ier., duc de Florence, que Charles-Quint avait mis en possession de l'île, ayant envoyé des troupes qui for-
cèrent le corsaire à se retirer. En 1554, les
Turcs, commandés par Tragut-Rais, saccagè-
rent l'île et emmenèrent neuf cents personnes.
Tout subit leur joug, excepté Porto-Ferrajo. En
1556, les Turcs firent de nouvelles tentatives
sur l'île, mais inutilement.

Ce fut Philippe III, roi d'Espagne, qui commença à faire construire *Porto-Longone*, jaloux
de voir Porto-Ferrajo qui était resté à Côme Ier.,
duc de Florence, devenir plus fort chaque
jour. Depuis cette époque jusqu'à nos jours,
malgré des concessions particulières, Piombino
et l'île d'Elbe ont dépendu des rois de Naples.
Enfin, par l'article 4 du traité de paix conclu à
Florence le 7 germinal an 9 (28 mars 1801),
le roi de Naples, qui possédait la souveraineté

qui nécessitaient encore sa présence, il se serait lui-même et par ses yeux ren-

---

de l'île d'Elbe, en a fait cession à la France.

Le sol de l'île d'Elbe est sec et aride ; l'agriculture y est très-bornée, mais les vignes y sont belles, et le raisin d'une excellente qualité. Ses rochers renferment toutes sortes de métaux ; l'on y trouve même quelques mines d'or et d'argent que l'on n'exploite plus. Ces mines sont situées au levant, au couchant et au midi. Le territoire de Porto-Ferrajo contient du cuivre, et l'on rencontre du fer, de l'étain et du plomb en divers cantons.

La mine de fer la plus abondante est dans le territoire de Rio, près de la côte maritime, vers le levant ; elle a des racines très-profondes, et s'étend l'espace d'un mille environ dans les flancs d'une montagne. On l'exploitait dans les temps les plus reculés, et elle était dès lors célèbre.

Outre les mines, l'île renferme encore des carrières de marbre, entr'autres une espèce de marbre granit, d'une couleur grisâtre, tirant sur le vert, et semé de petites taches noires et blanches. Les colonnes du portique de la rotonde à Rome, remarquables par leur grandeur et par

C

du un compte plus exact des besoins et des ressources du pays , ainsi que des

leur beauté, ont été tirées de ces carrières. Les Romains y occupaient continuellement un grand nombre d'ouvriers.

On y trouve aussi des pierres d'aimant, et une grande quantité de calamite tant blanche que noire. La montagne d'où on tire la calamite, située vers le levant, à près de deux lieues du cap *Livieri*, porte le nom de *Calamita*. La calamite blanche sert de médicament; la noire a la propriété d'attirer le fer. Les marins l'emploient dans les boussoles. On y trouve aussi, comme en Sardaigne et en Corse , *l'asbeste* ou pierre d'a_mianthe, dont les filamens soyeux et incombustibles se filent et forment des nappes, des serviettes que l'on blanchit en les jetant au feu.

L'île d'Elbe produit aussi des plantes rares et des plantes médicinales qui ne croissent point ailleurs. On y recueille du grain , du vin, du sel, un peu d'huile, du lin et des fruits de toute espèce ; ces derniers, à la vérité, n'y sont pas en grande abondance, mais ils suffisent aux besoins des habitans, et ont meilleur goût que ceux de la terre ferme.

moyens d'amélioration qui étaient en sa
puissance.

Les cantons de *Campo* et de *Campo-Livieri*
recueillent assez de blé pour la subsistance de
leurs habitans. Dans les autres cantons, cette
récolte est tout à fait insuffisante. Si les grains
laissent beaucoup à désirer dans cette île, il
n'en est pas de même des vins ; le rouge surtout
y est exquis. L'île d'Elbe fournit deux espèces
de vin de dessert très - estimés , le *Vermout* et
l'*Aléatico*. Le Vermout est un composé de vin
blanc et d'herbes odorantes. Il est fort recherché , aussi bien que le vinaigre qu'on fait dans
le pays.

Le seul territoire de Rio manque de toute
espèce de productions; les habitans s'appliquent
presque exclusivement à l'exploitation du fer ,
et négligent l'agriculture ; les soins de l'administration de la mine préservant ce canton de
la disette , en payant aux mineurs une partie
de leur salaire en grain. L'arbre forestier manque partout. On ne trouve guère que des
arbustes et des buissons de gruzzoli, de roma-
rins, de buis. Des terrains de plus d'une lieue
d'étendue sont quelquefois entièrement couverts des arbrisseaux appelés *agnus-castus*, de

Ce fut pour accomplir ces desseins bien-
faisans que, le 18 mai, quatorze jours

---

genévriers, etc. Le figuier d'Inde s'y développe
de manière à couvrir douze à vingt pieds de terrain dans les lieux les plus stériles et au sein
des rochers. Cette plante est toujours verte et
subsiste pendant des siècles. Ses feuilles plai-
sent aux précieux insectes qui donnent la coche-
nille. On pourrait en profiter pour ouvrir à ces
insulaires une nouvelle branche de commerce.
L'île n'est arrosée par aucune rivière, et ne
manque cependant pas de sources d'une eau
très-bonne. Ces sources ne tarissent jamais,
même pendant l'été, et donnent naissance à des
ruisseaux assez considérables pour faire tourner des moulins. On trouve aussi dans l'île
d'Elbe des eaux minérales ferrugineuses.

Les races d'animaux domestiques nés dans
le pays ont pour la plupart un pelage rou-
geâtre ou noir; leur chair a un goût exquis,
et une fort bonne odeur qu'elle doit aux herbes
aromatiques qui abondent dans l'île. Parmi
les espèces sauvages, on trouve des sangliers,
des lièvres, des martres, des porc-épics; on n'a
point de bestiaux, et peu de ruches, quoique le

après son entrée, S. M. se mit en route
pour faire le tour de l'île, et visiter dans

---

pays soit propre aux abeilles. On n'y voit point
de bêtes fauves, mais un grand nombre de rep-
tiles infestent les campagnes.

On cite au sujet de cette île une anecdote
assez singulière. Vers le milieu du dix-sep-
tième siècle, l'île se trouva couverte d'une multitude de lapins qui, chaque année, dévo-
raient les récoltes, et réduisaient le cultivateur
au désespoir. On ne trouva d'autre moyen de
s'en débarrasser que de jeter dans les lieux les
plus peuplés par ces animaux des chattes pleines,
et les lapins disparurent en peu d'années.

L'île offre encore en oiseaux agréables ou
utiles, outre les espèces domestiques, des cailles,
des perdrix, des pigeons, des grives, des moi-
neaux, des canaris, des rossignols, quelques
ortolans, etc.

La mer qui baigne les côtes abonde en poissons de toutes les espèces. Il est deux endroits
où l'on pêche le thon : le golfe de *Porto-Ferrajo*
et le golfe de *Procchio*, dans le territoire de
Marciana. On pêche des sardines à *Porto-Lon-*
gone. Au nord-ouest de l'île on trouve beaucoup de corail. Ce sont des Napolitains qui font
cette pêche.

les moindres détails toutes les parties de son domaine.

Les Elbois sont attachés au sol qui les a vus naître. L'amour du travail, la bravoure et la probité, ordinaire partage de l'homme laborieux, les distinguent particulièrement. Leur territoire est-il menacé de quelqu'invasion, ils sont tous soldats. Leur taille est ordinaire et régulière ; leur constitution robuste. Ils naissent marins, aiment passionnément la chasse, et en général tous les exercices pénibles. Leurs cheveux sont noirs, leur peau brune, leur regard vif et pénétrant. La vie active et frugale à laquelle ils sont accoutumés, contribue, en conservant leur santé, à les rendre forts, ardens, courageux. Quoiqu'ignorans et crédules, ils sont plus superstitieux que fanatiques, et ne font point usage du stilet, comme dans d'autres contrées d'Italie.

Le luxe des cités de l'Europe est encore ignoré de ce peuple simple, hospitalier et doux. Le costume des femmes se compose d'un chapeau de paille noire, d'un corset blanc, et d'une jupe courte, rouge ou bleue. Toute leur coquetterie, qui n'est pas sans charmes, consiste en une fleur, des rubans, un gros anneau, de larges boucles d'oreilles et une chaîne de mauvais or.

Un brick de dix-huit canons et plusieurs petits bâtimens, schebeks, felou-

---

Le sang des Elbois est beau , la vieillesse dans
les deux sexes y offre rarement ce caractère de
décrépitude trop ordinaire chez les nations avan-
cées dans la civilisation. On ne peut pas dire
que les femmes soient jolies , mais elles sont
agréables, sages , et surtout excellentes mères.

La nourriture de ces insulaires se forme de
légumes secs, d'un fromage fait avec du lait
de brebis , et dont l'odeur est celle d'une graisse
rance , de lard , de viandes salées et fumées ,
d'un pain grossier , de poissons frais , de thon
mariné , et d'une sorte de gâteau fait avec de la
châtaigne ; mais en général les habitans préfè-
rent pour leur nourriture la viande et le poisson aux végétaux. Toute leur batterie de cui-
sine est en terre cuite, qu'ils tirent de Naples et
de Toscane. Leurs maisons sont basses, l'intérieur en est tenu avec propreté. Les meubles
sont simples et solides. Un seul lit suffit souvent à toute une famille.

Ce peuple n'est pas très-vif dans ses plaisirs ;
sés danses mêmes offrent peu de gaieté. Son
langage est un patois dérivé du toscan. Son
insouciance est cause qu'il ne s'est point encore
livré à l'éducation des troupeaux et des abeilles,

ques, etc., composaient toute sa marine.

---

ni à celle des vers à soie, dont la température de l'île rendrait la multiplication si facile. On ne trouve dans le pays ni fabriques, ni manufactures. Il a perdu la pêche des nacres, dont quelques-unes renfermaient des perles, et jusqu'à l'art si commun de fabriquer des briques. Le séjour des Français et les regards de leur souverain réveillant l'industrie des insulaires, on a fabriqué à Saint-Martin des briques qui ont servi aux constructions.

Le commerce des Elbois consiste dans l'importation des grains, fromages, bestiaux, etc., et dans l'exportation du thon, du sel, des vins, du vinaigre, du granit, et surtout du minerai, que le défaut de bois dans l'île oblige de transporter, pour le fondre et le travailler, sur les côtes de Gênes ou de Corse.

L'île d'Elbe renferme deux villes : *Porto-Ferrajo* et *Porto-Longone*, et quelques bourgades et villages.

Porto-Ferrajo (en latin *Portus-Ferratus*), jolie petite ville, se présente sur une longue pointe de rochers très-escarpés, à l'ouest de la baie du même nom.

Son port, vaste et profond, peut recevoir les

Arrivé au port de Marciana, l'Empereur fut salué par tout ce qu'il y avait

---

plus gros vaisseaux, et se nommait du temps des Romains *Portus-Argous*.

Cette ville appartenait au duc de Toscane, et les Anglais, qui la gardaient en son nom, ont soutenu contre les Français un siége opiniâtre qui n'a cessé qu'en 1802. Elle se trouvait comprise dans le département de la Méditerranée. On y compte trois mille deux cents habitans.

En 1537, Côme Ier, duc de Florence, obtint *Porto-Ferrajo* des seigneurs de Piombino, il y éleva des remparts et y bâtit une forteresse, pour la mettre à l'abri des corsaires. La ville prit le nom de son fondateur, en s'appelant *Cosmopoli*, et celui de *Porto-Ferrajo* lui fut aussi donné à cause des mines de fer qui se trouvent dans ses environs. Tout le contour de la place, mesuré à la portée du canon, depuis le fort jusqu'au bastion des moulins, c'est-à-dire la partie de l'île qui appartenait au grand-duc, comprend une étendue de 1666 toises quatre cinquièmes, la toise à raison de trois brasses. Le 10 mai 1738, on commença à exécuter sur l'ordre de l'empereur François, le plan projeté pour augmenter les fortifications de Porto-Ferrajo. Les travaux ont été continués jusqu'en

d'artillerie. Tous les habitans étaient sous les armes. De jeunes filles, couronnées.

1958, en sorte que l'on a fait de cette place une des forteresses les plus considérables de l'Italie. Elle est composée de neuf bastions et de beaucoup d'ouvrages, et défendue en outre par deux forts, la *Stella* et le *Falcone*. Il y avait encore au-dehors un autre fort nommé *S. Giov. Batista*, qui a été démoli.

Cette place, fermée par son port du côté de la mer., est séparée du reste de l'île par un canal creusé à main d'hommes, sur lequel est un pont. Elle avait ordinairement une garnison de 500 hommes.

Ses habitans font le commerce de sel, de marbre, de granit, de thon et autres poissons. Sa tonnellerie et ses salines sont d'un revenu considérable. On y compte trois églises et deux oratoires de confréries. Il y avait en outre autrefois un couvent.

Porto-Longone (en latin *Portus-Longus*) est une petite ville située sur la côte orientale de l'île, à une lieue de Porto-Ferrajo. Elle faisait partie du département de la Méditerranée, et était le chef-lieu de canton de l'arrondissement.

Conformément au traité fait avec le roi de

de fleurs, les cheveux relevés, tressés avec des rubans, se présentèreut en foule

---

Naples, les Français en prirent possession en 1801. On y compte 1500 habitans.

Porto-Longone a aussi un bon port ; sa forteresse, construite sur un rocher, est presque inaccessible. Cette ville faisait autrefois partie de la principauté de Piombino, et le roi de Naples avait le droit d'y entretenir une garnison. On commença à la bâtir en 1611, par ordre de Philippe III, roi d'Espagne. Elle fut prise par les Français en 1646, et reprise par les Espagnols en 1650. Elle est à trois lieues de Piombino. L'objet principal de son commerce est l'exportation du poisson.

Au-dessous de cette ville est une petite bourgade dont les habitans tirent de la pêche leur principale subsistance.

Rio, chef-lieu d'un canton de Porto-Longone, est une bourgade qui compte mille huit cents habitans. Ses environs sont peu cultivés, parce qu'on s'y occupe exclusivement de l'exploitation de ses belles mines de fer. Ces mines offrent un résultat fort intéressant pour le commerce : elles donnent soixante-quinze à quatre-vingt-cinq pour cent d'excellent fer, égal à celui de Suède et de Sibérie. En 1534 ce petit pays fut

sur son passage ; les unes parées de robes blanches ; les autres dans le simple cos-

---

saccagé par le corsaire turc *Barberousse*, qui emmena tous les habitans en esclavage.

Campo, village qui se trouve dans le canton de *Marciana*, a mille sept cents habitans.

Capo-Liveri est un autre village dont les habitans doivent en grande partie leur subsistance à la culture de leurs champs et de leurs vignes.

Les petites bourgades de *Saint-Jean*, *Saint-Hilaire*, *Saint-André* et de *Pomonte*, retirent de très-gros profits de leurs vignobles.

Les salines que l'on exploite sur la côte maritime de Porto-Ferrajo, faisaient autrefois une des parties les mieux assurées des droits régaliens du souverain. Ces salines présentent des avantages beaucoup plus grands que celles de *Castiglione di Maremma*, dans la principauté de Piombino, parce que le sel s'y prépare sans que l'on ait besoin de bois, et que la chaleur seule du soleil opérant le degré de dessiccation convenable, il est d'une excellente qualité.

Ces salines sont de deux espèces : 1.° celles nommées *alla Paesana*, d'où l'on tire des morceaux de sel plus gros et plus bruts ; celles *dello Chiaje* et *dello Lazeretto*.

tume du pays, coîffées d'un chapeau de paille noire, vêtues d'un corset blanc, et d'une jupe courte, rouge ou bleue, vinrent lui offrir des corbeilles de fleurs et lui baiser la main. Il se rendit ensuite à l'église, où retentirent des actions de grâces adressées à l'Eternel.

Le 19, S. M. se transporta à *Marciana superiore*. Là les mêmes scènes se répétèrent. C'était le jour de l'Ascension; et la joie de ces insulaires, aimans et pieux, excitée par tout ce qu'inspiraient à leur

---

2.° Celles appelées *alla Trapanese*, dont les fosses sont revêtues de pierres. L'eau de la mer s'y évapore, et les morceaux de sel qu'on en tire sont plus minces et d'aussi bonne qualité, pour ne pas dire d'une qualité supérieure encore, de même que les salines de *San-Rocco* et *dell' Annunziata*.

Tel était l'état exact de l'île lorsque l'Empereur vint l'habiter. L'on verra tout ce que pendant dix mois il y fit exécuter de travaux, et ce que serait devenu ce sol ingrat si S. M. eût consacré à l'embellir et à l'améliorer plusieurs années d'une vie que réclamait le grand peuple.

âme les cérémonies augustes de la religion, se manifesta d'une manière encore
plus touchante.

A *Poggio*, où l'Empereur se rendit
ensuite, puis à *Saint-Pierre de Campo*,
puis enfin à *Saint-Hilaire de Campo*,
mêmes transports, même ivresse : partout on chanta des *Te Deum* au bruit des
boîtes, dont les coups sont plus forts que
ceux de pièces de trente-six. Ce signe
d'allégresse publique est depuis bien long-
temps en usage dans le pays.

S. M. revint le soir à *Saint-Pierre de
Campo*, où elle coucha. Le 20, à quatre
heures du matin, elle se dirigea vers la
marine de *Campo*, où elle s'embarqua
sur la speronade *la Caroline*, pour se
rendre à l'île appelée *Pianosa*.

Dans son voyage, l'Empereur s'arrêtait
jusques dans le moindre hameau ; il n'a-
vait qu'un but, qu'une pensée, celle de
répandre des bienfaits autour de lui, de
découvrir de nouvelles sources de prospérité, de créer de nouvelles branches d'in-

dustrie, et de s'environner enfin de toutes les lumières pour adoucir le sort de ses nouveaux sujets. Il s'était convaincu que l'île d'Elbe, quelque soin que l'on apportât à sa culture, ne pouvait fournir assez de blé pour la consommation de ses habitans. Ses roches de granit où verdit le figuier sauvage, ses coteaux couverts de buis, de tamarins, ses vallées même n'offrent souvent, dans de longs espaces, que des bruyères, parmi lesquelles s'élèvent l'agnus-castus et le genévrier sauvage, et ne conviennent qu'en peu d'endroits au développement des plantes céréales. C'était pour triompher, autant qu'il lui serait possible, des obstacles que présentait l'aspect de l'île, qu'il se rendait à *Pianosa*, qu'on lui avait représentée comme offrant un terrain plus bas, plus uni, et susceptible d'être humecté par des irrigations bien ménagées; il espérait à l'aide de ce moyen et d'une culture bien entendue, voir avec le temps Pianosa se couvrir de riches moissons.

On ne trouve dans cette île absolument déserte, que quelques chevaux qui parurent au premier abord être des chevaux sauvages. L'on apprit ensuite qu'ils appartenaient à des paysans Elbois, qui les y transportaient pour les laisser paître en liberté dans les prairies.

Ces chevaux, ainsi livrés à leur caprice, s'abandonnent en peu de temps, à un instinct d'indépendance tel, que leurs maîtres eux-mêmes ne peuvent plus s'en ressaisir qu'au moment où la soif les conduit vers une fontaine à laquelle ils ne peuvent se rendre qu'à travers un défilé.

L'Empereur, après s'être assuré qu'il serait facile de transformer cette terre aride en champ de froment, fit construire un fort, fin de mettre à l'abri des invasions des Barbaresques la petite colonie d'agriculteurs qu'il voulait y envoyer.

Ce ne fut que le 26 que les braves de

sa vieille garde, qui s'étaient associés à sa destinée, arrivèrent à l'île d'Elbe.

Cette garde généreuse avait traversé la France en recevant partout des témoignages d'amour, d'admiration et même de respect, non seulement de la part de leurs concitoyens, mais encore de la part des étrangers.

Dans toutes les villes où elle s'arrêtait on envoyait bivouaquer les soldats Autrichiens logés chez le bourgeois, et les meilleures places étaient pour les braves de la garde. A table avec les sous-officiers, les soldats des corps ennemis, les officiers impériaux eux-mêmes voulaient que l'on servît toujours les grenadiers français avant leurs soldats.

Une seule fois, un vieux major ne voulut pas céder ses logemens à la garde. Son refus était proféré d'une manière insultante : — *Tu te conduis ainsi !* lui dit le général Cambronne ; *eh bien ! fais placer tes soldats d'un côté, je vais mettre les miens de l'autre, et nous verrons à qui les logemens resteront.*

A Lyon, on fit traverser à la petite troupe le faubourg de la Guillotière. Dans la ville, où l'on parut craindre de les laisser pénétrer, vingt mille Autrichiens étaient sous les armes; mais si l'on redouta que ces guerriers dont le seul aspect rappelait tant de gloire, imprimait tant de vénération, entrassent dans cette cité, tous les habitans de cette cité se rendirent au-devant d'eux et les accompagnèrent. Bourgeois, négocians, artisans, se pressaient autour de ses défenseurs. Oh! quel plaisir surtout on éprouvait à voir ce bon peuple, toujours tant calomnié quand il n'est pas compté pour rien, et que nul intérêt ne dirigeait, accueillir avec transport la phalange immortelle, et lui exprimer ses regrets !

— Les voilà ces braves ; ils ne l'ont point abandonné ceux-là ; ils vont le rejoindre à l'île d'Elbe.

Parmi cette multitude il n'y eut qu'un seul homme et une vieille femme qui crièrent *vive le Roi !* les grenadiers y répondirent par le cri accoutumé, le cri chéri de *vive l'Empereur !* Un officier Autrichien, spectateur chagrin de cette scène touchante, voulut frapper de son épée un soldat qui, hors des rangs, criait plus fort que les autres; un Lyonnais lui arracha l'arme, la brisa, et lui dit : *Si tu veux en ravoir les morceaux viens les chercher chez moi.*

Tous ces braves, attendus avec impatience, brûlant eux-mêmes d'arriver au terme de leur voyage, après avoir traversé les Alpes, et salué au passage du Mont-Cenis les travaux admirables de leur héros, avaient passé à deux lieues de Turin, et étaient venus s'embarquer à Savonne.

Le jour de leur arrivée dans l'île, fut un jour de fête pour le général et pour ses soldats, pour le prince et pour ses sujets : c'étaient des orphelins qui retrouvaient

D 2

un père ; c'était un père qui revoyait ses enfans.

Déjà de toutes parts se déployaient une activité, une industrie jusqu'alors inconnues aux Elbois. Dès l'arrivée de S. M., son influence s'était répandue sur tout ce qui l'approchait ; on eût dit qu'une autre atmosphère enveloppait l'île ; de belles routes étaient tracées ; les rocs commençaient à s'applanir ; le palais, les casernes à s'élever. Le souverain était partout, présidait à tout. Nombre de ses guerriers s'associèrent de leur plein gré à ses travaux ; ils s'unirent aux ouvriers ; ils érigeaient, ils brisaient le roc avec eux. Semblables aux soldats des consuls et des Césars, à qui nous devons ces belles voies romaines, ces termes, ces aquéducs hardis, dont les débris imposans impriment encore tant de respect au voyageur ; ces grenadiers, naguère si terribles, quittant le glaive pour saisir l'équerre, le pic ou le ciseau, se trouvaient dédommagés de leurs nouvelles fatigues, par le bonheur, disaient-ils, de voir tous les jours au milieu d'eux, et d'admirer à loisir, le grand homme qu'ils adoraient.

Lorsque l'Empereur avait rencontré la princesse Pauline aux environs de Fréjus, la santé de cette sœur chérie était tellement altérée, que les médecins, malgré les instances les plus vives, ne voulurent pas lui permettre de s'embarquer avec S. M.

Alors le capitaine anglais s'était engagé à venir plus tard prendre la princesse, pour la conduire à Porto-Ferrajo ; le jour fut même fixé ; mais la frégate tarda vingt-quatre heures, et l'impatience de la princesse Pauline ne lui permettant pas une plus longue attente, elle profita d'un navire napolitain pour faire la traversée.

Cette première fois, S. M. ne garda que deux jours la princesse sa sœur. Madame mère n'était pas encore arrivée ; mais dans les premiers jours d'août, l'Empereur eut le bonheur de posséder Madame mère, et depuis elle demeura toujours auprès de lui.

La fête de S. M., le 15 août, fut célébrée avec des transports difficiles à décrire. L'empressement curieux, la gaieté peu bruyante des Elbois contrastaient d'une manière piquante avec la joie plus expansive et mieux sentie de ces soldats de la garde, si doux, si tranquilles dans la paix, et contre lesquels jamais une plainte ne s'éleva de la part des insulaires.

Que de ménagemens apportaient ces militaires estimables, pour modérer cette impatience, ce désir inquiet et tourmentant de tout voir, et d'être en quelque sorte dans plusieurs lieux à la fois, qui semblait avoir modifié le caractère naturellement indolent des Elbois! Ce mobile si actif, si puissant dans la jeunesse, acquérait encore une force nouvelle chez ces hommes simples, jusqu'alors peu habitués à des fêtes, à des jeux publics, et pour qui cette solennité offrait un speccle entièrement neuf.

La ville donnait un bal à l'Empereur et à sa garde; les principaux citoyens, les dames les plus distinguées de l'île y étaient invités. Sur la grande place de Porto-Ferrajo, on avait construit une vaste salle, qui, élégamment ornée, fut laissée ouverte de tous les côtés, parce que S. M. exprima le désir que le peuple entier prît part à la fête.

Un très-beau feu d'artifice avait été préparé par les artilleurs de la garde. Le terrain où l'on devait le tirer étant encombré de constructions, dans la crainte de quelques accidens, S. M. déclara que le feu d'artifice et la fête qu'elle voulait rendre à la ville, n'aurait lieu qu'à l'époque où l'impératrice Marie-Louise et le prince son fils viendraient le rejoindre.

Le 1er novembre le brick de l'Empereur expédié à Naples, ramena la princesse Pauline, qui ne quitta plus Madame mère et l'Empereur. L'arrivée de S. A. I. fut un jour de fête pour tous les habitans; sa présence une source d'agrémens et de jouissances pour la cour et pour les dames de Porto-Ferrajo; de jolis bals, des concerts, la comédie varièrent l'emploi des soirées, et contribuèrent à resserrer encore les liens de devoir et d'affection déjà formés depuis long-temps.

Les journées de l'Empereur s'écoulaient ainsi dans les plus douces occupations; toutes ses heures étaient remplies. Cette inaltérable activité, qu'en d'autres temps il appliquait aux plus vastes conceptions du génie, il l'employait alors à l'étude, ainsi qu'à l'embellissement du séjour qu'il se créait. La santé de S. M. fut toujours parfaite. Le matin elle s'enfermait dans sa bibliothèque; quelquefois, souvent même, elle se levait avant le jour, et travaillait depuis trois heures du matin jusqu'à sept ou huit; dans la matinée elle sortait et visitait tous les travaux; presque toujours elle était au milieu de ses ouvriers, qui, comme on l'a vu, comptaient parmi eux beaucoup de soldats de la garde. Deux architectes italiens, l'un vieux et l'autre jeune, M. Bargilli, romain, M. Bettarini, toscan, traçaient les plans des constructions arrêtées; mais l'Empereur leur faisait tellement changer leurs dispositions, d'après ses idées, qu'il devenait en quelque sorte le créateur de leurs conceptions, et le seul et unique architecte.

Presque tous les jours, quelque temps qu'il fît, S. M. allait se promener à sa maison de campagne de St.-Martin, située aux environs de Porto-Ferrajo. Là, comme à la ville, l'Empereur ne dédaignait pas de s'occuper de l'administration intérieure de sa maison; il se faisait rendre un compte exact de tout, et entrait jusque dans les moindres détails d'économie domestique ou rurale.

Il montait à cheval pour ses promenades du matin. Dans son escorte peu nombreuse, parmi ses principaux officiers on distinguait le maréchal Bertrand et le général Drouot, qui ne le quittaient presque jamais. En route, S. M. donnait audience à tous ceux qu'elle rencontrait. Elle écoutait toutes les réclamations, de quelque nature qu'elles fussent , et s'empressait d'y faire droit. Elle rentrait ensuite dîner. Tous ceux qui étaient admis à sa table étaient reçus avec une franchise, une cordialité et une aisance parfaites. Sans rien perdre de sa dignité , l'Empereur semblait avoir trouvé le secret de devenir simple particulier au milieu des particuliers ; et près de lui la conversation avait toute la liberté et tout l'abandon dont on aurait pu jouir à la table d'un riche bourgeois.

Lorsque l'Empereur recevait la visite de quelque étranger de marque, ce qui arrivait souvent, il l'accueillait avec la même grâce et la même aménité que dans les temps de sa plus haute puissance, et prouvait ainsi que son caractère l'élevait au-dessus des caprices de l'aveugle fortune.

Il parlait aux philosophes et aux savans de Londres, des découvertes faites de nos jours dans les hautes sciences, la chimie, le galvanisme et l'électricité. Il félicitait les riches propriétaires anglais sur l'excellence de leur agriculture et sur la libéralité des lois de leur pays ; enfin il entretenait les militaires des Mémoires historiques qu'il écrivait sur ses campagnes.

Les soirées se passaient en famille. Parmi les personnes de la ville qui étaient le plus habituellement reçues, on voyait le maire, l'intendant de l'île, le chambellan Vantini, M. Truditi, maire de Porto-Ferrajo, M. Lupi, colonel de la garde nationale, aujourd'hui maréchal de camp, et M. Gualandi, maire de Rio.

Les comtes Bertrand, Drouot, les autres principaux officiers de la garde ou de la maison de S. M., partageaient, sous ses ordres, les diverses fonctions qu'elle leur distribuait; et, pleins de reconnaissance ou d'admiration pour tout ce qu'ils lui voyaient entreprendre de bon, d'utile, s'empressaient de le seconder de tous leurs moyens.

Cette manière de vivre de l'Empereur, qui était connue des moindres habitans de l'île, devenait l'objet de tous les entretiens. Les récits que les plus illustres voyageurs en faisaient dans leurs cours, ce que les journaux étrangers en publiaient, forçaient ses ennemis à l'admirer en même temps qu'elle inspirait une sécurité profonde sur ses projets au colonel anglais Campbell, placé dans l'île pour veiller secrètement à sa conduite.

Dioclétien, dans son jardin de Salone, Charles-Quint, au monastère de Saint-Just, offrirent-ils un plus grand exemple aux méditations des publicistes et des philosophes ?

Ce qui fut entrepris et achevé de travaux en dix mois est inconcevable : l'imagination a peine à les croire ; il est impossible d'en donner le détail, mais je ne puis me refuser au désir d'en rappeler la partie la plus importante.

Le palais de S. M. était situé sur un rocher, entre le fort Falcone et le fort de l'Etoile, dans le bastion des Moulins. A l'arrivée de l'Empereur ce palais consistait en deux pavillons principaux, qui servaient de logement aux officiers supérieurs du génie et de l'artillerie.

L'Empereur fit décorer l'intérieur des deux pavillons, et hausser le corps-de-logis qui les réunissait. Il dressa lui-même les plans, arrêta les distributions intérieures, et régla jusqu'aux détails et jusqu'à la forme des ornemens d'une superbe salle qui tenait tout le milieu de l'édifice. Des fenêtres de cette salle, placée dans un lieu où la vue est une de plus étendue et des plus pittoresques que l'on connaisse, S. M. dominait tellement le pays, qu'elle voyait tout ce qui se passait dans la ville, et qu'aucun bâtiment, quelque petit qu'il fût, ne pouvait entrer dans le port sans qu'il l'aperçût. Cette salle, bâtie au premier étage, faisait partie des appartemens destinés à la princesse Pauline. S. M. occupait le rez-de-chaussée du palais.

Madame mère avait une maison particulière dans la ville.

De vieilles masures entouraient le palais, elles furent démolies; les rochers furent applanis, les moulins disparurent. L'un des deux longs bâtimens qui servaient de logement aux officiers, masquait la vue; il fut rasé jusqu'à la hauteur de la terrasse construite devant le château. La partie inférieure fut voûtée, et servit ainsi à augmenter les dimensions de cette terrasse, qui, quoique irrégulière par la disposition du terrain, se trouva former alors une place d'armes suffisante pour y ranger deux bataillons et les passer en revue.

Non loin du château une caserne, depuis long-temps abandonnée, se transforma bientôt en un beau salon qui devint tour-à-tour salle de réception, de bal ou de spectacle ; les officiers de la garde et les dames d'honneur des princesses y représentèrent une fois les *Fausses Infidélités* et les *Folies amoureuses.*

De beaux jardins s'élevèrent comme par enchantement. Ceux qui existaient derrière le palais furent agrandis et changèrent de forme ; des terres fécondes, transportées à grands frais sur le plateau où s'élevaient les moulins, y formèrent un potager, un verger utiles.

Dans la ville, S. M. fit réparer divers bâtimens pour y loger ses officiers. Les anciennes casernes furent assainies, et les vastes magasins de la *Linguela* transformés en casernes nouvelles.

Les écuries furent établies hors la ville, dans de grands magasins qui appartenaient à l'entreprise de la *Tonare* ou *Madrague.*

Les remparts se trouvaient en assez bon état ; mais à l'extrémité de la *Lin-*

guela, on avait laissé tomber en ruines une tour antique qui achevait de fermer le port. Cette tour, que les Toscans avaient autrefois appelée *la Tour mortelle*, à raison des ravages qu'en plusieurs circonstances elle avait causés aux Turcs et aux autres corps Barbaresques qui avaient assiégé Porto-Ferrajo, jugée importante par S. M. dans le système de fortification et de défense qu'elle avait adopté, fut relevée et armée.

Avant l'arrivée de S. M. le pavé des rues de Porto-Ferrajo était formé de larges dalles de pierre, dont la surface plane était très-dangereuse pour les chevaux ; par ses ordres, les pierres des rues que l'on ne pouvait parcourir qu'à cheval, furent taillées inégalement au ciseau ; et les rues où il voulut que les voitures pussent circuler, furent repavées en entier.

La porte de terre n'était praticable que pour des mules ; personne avant S. M. n'avait osé y passer à cheval, parce que des rochers inclinés n'offraient que peu d'espace, et qu'une pente rapide rendait ce passage très-périlleux. Élargie à l'aide d'une terrasse, la route devint même facile au transport de toutes sortes de charrois.

Avant que l'Empereur eût ordonné ce travail, qui fut achevé promptement, toutes les fois qu'il voulait se rendre en voiture à sa maison de campagne de *Saint-Martin*, il était forcé de traverser la ville, le port, et de sortir par la porte de mer, pour aller rejoindre la route ancienne qui le conduisait dans l'intérieur du pays.

Saint-Martin n'était d'abord qu'une simple chaumière, que S. M. fit reconstruire, agrandir et meubler avec goût, mais avec simplicité. Lorsque ces réparations furent très-avancées : —*Ce sera,* disait l'Empereur, *la maison d'un bon bourgeois riche de* 15 *mille livres de rente.*

Cette maisonnette, placée au centre de vignobles très-considérables, présentait un aspect des plus pittoresques ; un tor-

E

rent mugissáit à côté ; assise au pied d'un mont, dans le fond du golfe, environnée de pampres verdoyans, la vue pouvait y embrasser à la fois le développement animé de la ville et du port, la vaste étendue de la mer, où flottaient les pavillons des diverses nations, et dans un lointain vaporeux les rivages de l'antique Étrurie.

S. M. allait presque tous les jours à Saint-Martin, quelque temps qu'il fît.

Elle avait aussi une habitation à *Rio*, qui avait appartenu à la chancellerie de la légion d'honneur, à laquelle le produit des mines de fer de Rio était spécialement affecté.

L'Empereur s'était aussi réservé un palais à *Porto-Longone*, dans l'intérieur de la citadelle : cette petite ville lui dut aussi des embellissemens utiles, entr'autres une route entièrement neuve, pour aller de la marine de *Longone* à la cita-delle bâtie sur un roc.

Il fit réparer et rendre propre au

roulage la route de *Porto-Ferrajo* à Porto-Longone; fit construire une autre route pour se rendre en voiture de Porto-Ferrajo à *Marciana* et à *Campo*.

Toutes ces routes furent plantées d'arbres : comme ils sont extrêmement rares, dans l'île, il en fit venir un grand nombre d'Italie, parmi lesquels se trouvaient beaucoup de mûriers.

Peu satisfait enfin s'il n'eût accompli sur son rocher stérile que la moitié du précepte de Zoroastre, qui ordonne de planter un palmier, et de conduire une source d'eau vive dans le désert brûlant, l'Empereur fut lui-même chercher une fontaine aux environs de Porto-Ferrajo, pour en diriger les eaux dans cette ville. Les travaux étaient très-avancés lorsque S. M. a quitté l'île.

Aussi, que de vœux ! quels regrets touchans accompagnèrent son navire à son départ ! et que d'anecdotes on pourrait citer, pour prouver à quel point il portait de bienveillance à ce bon peuple qu'il avait momentanément adopté, et dont la reconnaissance le payait si franchement de tous ses soins !

L'Empereur était aussi l'objet de l'admiration des étrangers : des voyageurs débarquant un jour qu'il se trouvait au port, il leur demanda ce qu'ils venaient faire : — Visiter le pays, voir les mines. — *Pourquoi,* leur dit-il en souriant, *ne pas avouer tout de suite que c'est moi que vous venez voir ? Hé bien, me voilà.*

. Parmi les hommes des différentes nations qui se rendaient à l'île d'Elbe, les Anglais surtout paraissaient attacher le plus haut prix à le contempler, à l'entendre. Souvent on les a vus se rendre sur la route de Porto-Ferrajo à Saint-Martin, y attendre pendant cinq et six heures S. M., et se rembarquer aussitôt après l'avoir vue.

Lord Benting, lord Douglas, une infinité d'autres seigneurs furent reçus, recherchés , fêtés pour ainsi dire par S. M. ; tous rapportaient chez eux les plus touchans souvenirs de l'accueil qu'ils avaient reçu.

L'un d'eux accompagnait un matin S. M. qui, après le déjeuner, visitait à pied les travaux de Porto-Ferrajo, quand elle rencontra le grand-maréchal, qui venait du port et marchait vers le palais, des papiers sous le bras. — Sont-ce les journaux français ? — Oui, sire. — Suis-je bien déchiré ? — Non, sire, il n'est pas question aujourd'hui de V. M. — Allons, ce sera pour demain : c'est une fièvre intermittente, ses accès passeront.

L'Empereur se plaisait à causer avec ses grenadiers , dont il avait si bien jugé le cœur. Comme tous les vieux militaires, ils ne paraissaient jamais tout à fait contens ; et par une de ces expressions qui peignent au soldat l'affection qu'on lui porte, beaucoup mieux que les plus belles phrases, il les appelait *ses grognards*.

Un jour, vers les derniers temps, Eh bien ! grognard, dit-il à l'un d'eux, tu t'ennuie ? — Non, sire, mais je ne m'amuse pas trop, toujours. — Tu as tort, il faut prendre le temps comme il vient, et lui mettant un napoléon dans la main, il s'éloigne alors en faisant sonner l'argent qu'il avait dans son gousset, et en chantant entre ses dents, *ça n'dur'ra pas toujours.*

Une autre fois il s'approche d'une vivandière : — Combien vends-tu ton vin, la bonne ? — Cinq *cruzzie*, (1). sire. — C'est trop cher, il faut ne le vendre que quatre, et mettre un peu d'eau dedans. Mais que je suis bon ! tu sais ton métier mieux que moi.

Jamais S. M. ne se refusa aux désirs de ses bons Elbois : c'est l'usage chez ces

______

(1) Monnaie italienne que l'on appelle en français grace ou criche, et qui vaut sept centimes.

insulaires, comme chez tous les peuples d'Italie, de faire des courses sur les chevaux du pays, et que l'on se figure quels chevaux et l'encolure du noble coursier qui remporte le prix! Les habitans de l'île élevèrent un jour une espèce d'amphithéâtre sur la route de Porto-Ferrajo à Saint-Martin. Ils attendirent l'Empereur, le supplièrent de présider à leurs jeux, et d'occuper avec sa suite les places qu'ils avaient en son honneur parées de fleurs et de feuillages. S. M. ne voulant pas les affliger par un refus, assista à toutes les courses, et couronna de sa main le vainqueur.

Les soldats de la garde dirigeaient de préférence leurs promenades du côté de la maison de campagne de S. M. Au temps des vendanges ils parcouraient les côteaux, et demandaient aux paysans, à qui les vignes appartenaient.—A l'Empereur.—A l'Empereur! ah bien! ce sont les nôtres; et ils vendangeaient gaiement à sa place.

S. M., que le comte Bertrand instruisait de tout ce qui se passait, s'amusait beaucoup de ces prétentions comiques, et disait en riant qu'ils avaient raison.

Mais de toutes les visites que recevait S. M., celles qui flattaient le plus son cœur, celles qui devaient bientôt réveiller dans son sein la grande pensée à qui nous devrons la plus belle moitié de son histoire, c'étaient les visites que venaient lui faire un nombre considérable d'officiers italiens, français, polonais, qui accouraient lui offrir leurs services. — Je n'ai, leur disait-il, ni places ni grades à vous donner.—Nous servirons comme soldats.—Je n'ai plus les moyens de vous payer.—Nous vivrons à nos dépens. Et ils restaient, servant comme de simples grenadiers dans la vieille garde ; ces braves sont maintenant au milieu de nous. Je ne puis les nommer tous ; mais je citerai du moins le capitaine de cavalerie *Folasse*, autrefois aide-de-camp du général Octave, à Naples, et qui est rentré à Paris dans les rangs, en portant le havresac.

Cependant que faisait en France cette minorité audacieuse dont les chefs s'étaient élancés devant le coursier d'Alexandre, pour lui demander un Bourbon (1)? Que faisait cette autre portion plus considérable de la nation, qui s'était rattachée en apparence au parti dominateur? Que faisait surtout cette majorité de citoyens de toutes les classes, amis de la paix, de l'humanité, véritables Français, pour

---

(1) Des princes faibles, imposés par l'étranger, devenus étrangers eux-mêmes à nos lois, à nos mœurs, ont tenté, pendant un interrègne de onze mois, de nous ramener au temps de la féodalité. Ils déguisaient mal leurs vues sous le manteau de quelques idées libérales qui n'étaient que dans leur bouche ; mais ce qu'ils n'ont pu déguiser, c'est cette poignée d'hommes attachés à leur cause, *minorité effrayante* qui les a laissé voir presque seuls, fuyant une patrie qui, pour la seconde fois, les repousse de son sein.

(*Lettre du ministre de l'intérieur aux préfets.*)

qui tout ordre de choses qui éloignait du territoire les armées dévastatrices des alliés, offrait du moins une compensation de nos désastres, une espèce de bonheur en perspective, enfin le repos après l'orage?

Guerre à la pensée était la devise des premiers; de l'or, des honneurs, le cri des seconds; et le nom de patrie dans la bouche des autres était déjà proscrit, comme le signal de la révolte contre l'autorité d'anciens maîtres qui venaient de rentrer dans toute la plénitude de leurs droits. L'orgueil, les prétentions, les antiques haines, les récentes vengeances se laissaient voir dans tout le désordre de leur nudité dégoûtante; on ne cherchait plus à se cacher. Tous les yeux étaient dessillés; la pensée, reportée avec effroi vers l'avenir, la pensée, tourmentée du présent, était ramenée vers l'illusion du passé; et cette illusion s'était évanouie au premier rayon de clarté.

Au nom du peuple entier, une fraction

du sénat, opprimée par les armes de l'étranger, avait composé à la hâte une espèce de constitution qui devait devenir notre charte ; et tout ce qui restait d'âmes généreuses s'était indigné ou plutôt avait ri de pitié, en voyant les pères de la patrie commencer par se faire eux-mêmes leur part de revenus, d'honneurs et de puissance, tant pour eux que pour leurs héritiers (1). Le besoin tout puissant de fermer les plaies récentes de la France imposa un silence religieux aux vrais ci-

---

(1) Dans sa séance du 4 avril 1814, le Sénat, après avoir institué un gouvernement provisoire, et nommé les cinq membres qui devaient le composer, adopta pour premier article : *Que le Sénat et le Corps législatif seraient déclarés partie intégrante de la Constitution projetée.* Et le 7 avril, par un des articles arrêtés, *la dignité de sénateur est déclarée inamovible et héréditaire de mâle en mâle par primogéniture. Les dotations du Sénat, des sénatories leur appartiennent. Les revenus en doivent être partagés également entre eux.*

toyens. Quelques bases, d'ailleurs, de cette charte informe, rassuraient les esprits bons, contre les apréhensions trop fondées de voir dans peu les promesses royales violées.

Un prince du sang des Bourbons, un prince accueilli, avec une joie immodérée, à cause de ces dehors aimables, et de ces mots spirituels dont l'effet est toujours certain sur les Français, était parvenu à faire oublier ce traité inconsidéré qui livrait aux puissances rivales nos places fortes, nos vaisseaux, nos arsenaux, et un matériel de plus de deux milliards.

Le beau jour de la restauration paraissait avoir lui sur la capitale ; toutes les espérances se pressaient au-devant d'un monarque en cheveux blancs, frère long-temps proscrit d'une auguste victime de ces tempêtes politiques qui de loin en loin bouleversent le monde. Aux côtés du souverain s'offrait aux plus touchans souvenirs cette royale orpheline, qui, troublée encore par la terreur du passé, s'avançait en frémissant aux bords du cratère mal éteint, au milieu duquel se relevait le trône de Charlemagne et de Louis XIV ; des larmes roulaient dans tous les yeux, les cœurs suffisaient à peine aux émotions profondes qu'ils éprouvaient.

Pourquoi se sont-ils si promptement fanés, ces lis qui jonchaient les rües, ces fleurs semées à pleines mains devant les coursiers des Bourbons, devant le char qui portait en triomphe leur chef vénérable ? pourquoi les cœurs si promptement épanouis, se sont-ils tout à coup resserrés ? Répondez, conseillers imprudens d'un monarque trop faible, et dont les intentions paternelles..... Mais il est des fautes que le malheur rend sacrées.

L'abus des idées libérales avait enfanté l'hydre de la révolution ; par un abus contraire, l'on tenta de ressusciter ces systèmes d'esclavage et de féodalité que les lumières du siècle a proscrits de la France, et qui, dans peu, disparaîtront de l'Europe entière.

Ce jeune héritier des Czars, qui ne parut au milieu des Français que pour se montrer grand et généreux, l'Empereur de Russie avait dit en plein sénat, qu'*il était juste et sage de donner à la France des institutions libérales, et qui fussent en rapport avec les lumières actuelles ;* (1) mais ces pensées magnanimes n'étaient ni dans les principes, ni dans les intérêts de cette caste privilégiée, rentrée à la suite du souverain, ou ralliée autour de sa personne.

La constitution (2) préparée par le sé-

----

(1) Il s'exprima en ces termes dans l'audience qu'il donna aux grands corps de l'Etat, le 2 avril 1814.

(2) Par l'*Acte constitutionnel* du 7 avril, la *monarchie est héréditaire*, et Louis XVIII est rappelé au trône.

nat devait être soumise à l'acceptation du peuple français; Louis-Stanislas-Xavier

La noblesse ancienne reprend ses titres.

La nouvelle conserve les siens héréditairement.

La Légion d'honneur est maintenue avec ses prérogatives.

Les sénateurs sont nommés par le roi.

Leur dignité est inamovible et héréditaire de mâle en mâle, par primogéniture.

Les dotations du sénat et des sénatories leur appartiennent. Les revenus en sont partagés également entre eux.

L'indépendance du pouvoir judiciaire est garantie.

Les militaires en activité, les officiers et soldats en retraite, les veuves et les officiers pensionnés conservent leurs grades, leurs honneurs, leurs pensions.

La liberté des cultes et des consciences est garantie.

Les ministres des cultes sont également traités et protégés.

ne devait être proclamé *roi des Français*
qu'après avoir accepté *la Constitution*, et

La liberté de la presse est entière, sauf la
répression légale des délits qui pourraient ré-
sulter de l'abus de cette liberté.....

La dette publique est garantie.

Les ventes des domaines nationaux sont irrévocablement maintenues.

Aucun Français ne peut être recherché pour
les opinions ou votes qu'il a pu émettre.

Tous les Français sont également admis-
sibles à tous les emplois civils et militaires.

La présente Constitution sera soumise à
l'acceptation du peuple français, dans la forme
qui sera réglée.

Louis-Stanislas-Xavier *sera proclamé roi des
Français* aussitôt qu'il aura juré et signé par un
acte portant : *J'accepte la Constitution, je jure
de l'observer et de la faire observer.* Ce serment
sera réitéré dans la solennité où il recevra le serment de fidélité des Français.

*(Suivent les signatures de soixante-quatre
sénateurs, parmi lesquels plus de dix
n'étaient pas français.)*

juré de l'observer ; il ne devait recevoir le serment de fidélité de son peuple qu'au moment où lui-même prêterait le serment à la constitution. Le monarque revient sans prendre d'engagemens formels ; il nous *octroye* ensuite une simple charte, fruit de ses propres réflexions et de sa seule volonté. Au lieu de prendre le titre de *roi des Français*, il prend celui de *roi de France* ; il était rappelé par la nation, ou du moins il fallait qu'on le crût, et ses premières ordonnances apprennent à cette nation étonnée que, depuis dix-neuf ans qu'elle avait cru s'être donné des lois, un gouvernement, un souverain de son choix, le seul roi légitime (1) de la France régnait sur nous,

----

(1) Quelle était l'intention de tant de gens, en parlant sans cesse de *roi légitime*, de seule légitimité au trône ? En supposant même que les peuples appartiennent comme un troupeau de mérinos à tel ou tel pasteur couronné, sur quoi baserait-on chez nous la légitimité de nos

des bords de la mer Baltique ou des rivages de l'Angleterre.

De ce jour les ignorans défenseurs de
la vieille monarchie, les ridicules cham-
pions de la tyrannie féodale et du fana-
tisme religieux, s'occupèrent sans relâche
à saper les fondemens déjà trop impar-

anciens rois, puisque l'on compte trois races très-
distinctes ? Si Clovis, premier roi chrétien, tint
son empire de Dieu, Pepin, Charlemagne, qui
arrachèrent le sceptre à ses fils dégénérés, ne
furent que des usurpateurs. Et Hugues Capet enfin, traitant du royaume avec les grands vassaux
de la couronne ; Hugues Capet, en dépouillant
les héritiers de Charlemagne, et par la conces-
sion même qu'il fut obligé de faire aux grands
seigneurs, ses égaux, consacra la plus mani-
feste des usurpations, d'après la maxime de nos
royalistes modernes. Sur quoi donc établir les
droits de ses descendans ? Ce qui est vrai en
théorie, ce qui l'a été et le sera en pratique
toutes les fois que la force sera réglée par l'opinion, c'est qu'il n'y a vraiment de souverains
légitimes que ceux qui le deviennent par la volonté nationale.

faits sur lesquels reposaient nos lois, sans songer un seul instant qu'ils faisaient crouler avec eux un trône mal affermi.

Louis XVIII avait du moins adopté les bases du pacte constitutionnel; chaque jour ses agens attaquent, violent les conventions les plus sacrées : on avait promis de maintenir les ventes nationales irrévocablement ; en pleine assemblée un ministre imprudent sème l'inquiétude dans toutes les âmes ; bientôt les haines s'éveillent dans le fond des provinces, et les plus absurdes prétentions se montrent à découvert. L'ancienne noblesse, fière de titres sans gloire, accueille de ses dédains insultans cette noblesse nouvelle dont la gloire a fondé les droits. L'ordre judiciaire perd son indépendance tutélaire ; le libre exercice des cultes est comprimé ; les consciences sont torturées par des missionnaires turbulens.

La liberté de la presse, ce moyen si puissant d'éclairer la religion des princes sur les fautes de leurs ministres , et sur leurs propres faiblesses , nous est ravi. Les plumes vendues aux courtisans peuvent tout dire; on force à se taire ces écrivains énergiques qui se déclaraient les défenseurs de nos libertés attaquées, ou qui voulaient repousser les plus hideuses calomnies.

La légion d'honneur, cette institution sublime, source de tant d'héroïques actions, est en vain placée sous la protection des lois, elle se voit constamment en butte aux outrages de ces hommes, nouveaux au milieu de nous, qui, vingt ans comprimés dans l'orgueil, ne pouvaient pardonner à des victoires dont l'éclat ne devait jamais rejaillir sur eux. Les croix de Saint-Louis et ces étoiles d'honneur que le courage allait conquérir sur les champs de bataille, furent distribuées avec une insultante profusion , ainsi que des titres, des pensions, des honneurs, à des colonels de salon, à des guerriers de grand chemin , qui n'avaient d'autres droits à la faveur du souverain que le nom de leurs aïeux. On leur compta pour service effectif, vingt-cinq années passées dans leur terre , ou des exploits aussi obscurs que déshonorans, comme si la cause royale eût eu besoin pour se fortifier de recourir aux ressources les plus viles, aux moyens les plus criminels.

De jeunes gens , dont le seul titre était de s'être jusqu'alors habilement sous-traits au service militaire , obtenaient d'abord des grades d'officiers ; et des vé-térans de l'autre siècle, que l'âge aurait dû éclairer sur le ridicule de leurs pré-tentions, décorés d'épaulettes inconnues au champ d'honneur, venaient en per-ruques poudrées , en bésicles , s'offrir pour guider nos braves légions, à la place des chefs éprouvés, que l'on réduisait à la demi-solde.

Constamment trompé par les passions de tous ceux qui l'entouraient, le roi signait en même temps les brevets d'indigence de vingt mille officiers couverts de blessures, et qu'aussitôt l'on exilait de Paris, comme suspects, et les engagemens de six mille pages et damoiselles que l'on couvrait d'écarlate et d'or, et qui, sauf quelques - uns sortis de nos rangs, en étaient encore aux premières épreuves de la chevalerie.

Aux divers ministères, dans les administrations, dans les tribunaux, à Paris, en province, des magistrats estimés, des fonctionnaires respectables se voyaient enlever les emplois qui faisaient vivre leurs familles, pour repaître l'insatiable avidité de la classe d'hommes privilégiés qui croyaient avoir seuls des droits aux bienfaits du monarque. De petits collets encombraient les administrations; des émigrés qui savaient à peine lire étaient nommés sous-préfets, préfets, gouverneurs, et le plus souvent envoyés dans les provinces, dont la position difficile exigeait le plus de lumières et le moins de préjugés. Gens de robe, d'église, d'épée,

tous s'agitaient, tous voulaient être satisfaits à quelque prix que ce fût.

Qu'avaient-ils fait pour tant exiger et
tant obtenir, ces ducs, ces princes, ces
seigneurs suzerains, ignorés jusqu'alors
d'une génération guerrière ? Jadis, aux
jours du péril, ils avaient fui chez l'é-
tranger, abandonnant au glaive qu'eux
seuls avaient provoqué, leur trop vertueux et trop infortuné monarque ; et
maintenant ils n'étaient rentrés sur le sol
de la patrie qu'en se glissant derrière les
phalanges ennemies, secondées par la
trahison.

Qu'attendaient-ils, qu'espéraient-ils
d'une nation retrempée par vingt-cinq
ans de troubles, de guerre, de victoires,
ces soutiens vieillis des anciens parlemens du royaume ? Ils n'étaient plus les
organes d'un peuple qui les avait depuis
si long-temps désavoués.

Que prétendaient réclamer de nous ces
ministres des autels dont les lèvres mena-
çantes proféraient déjà l'anathème ? Ne

savons-nous pas que leurs fonctions augustes, leur tutelle sacrée, ne doivent
apporter aux peuples que ce pardon, cet
oubli des injures prêché par le plus hu-
main des législateurs?

Hélas ! pleins de leur nouvelle impor-
tance, occupés à ressaisir leurs prérogatives et leur pouvoir, insatiables d'or et
de dignités, le monarque et la patrie
semblaient n'être rien à leurs yeux.

Le monarque ! ils l'accusaient sans pu-
deur d'ingratitude, s'il tardait à satisfaire
leur ambition.

La patrie ! notre belle France ne leur
semblait qu'une mine féconde, dont un
troupeau de serfs avilis devait exploiter
pour eux seuls les richesses intarissa-
bles.

Chaque jour voyait croître l'audace
de ce parti ; bientôt sa présomption ne
connut plus de bornes. Quelques citoyens
élevaient-ils la voix ; quelques plumes
vigoureuses réclamaient-elles contre les
infractions faites à la charte constitu-

tionnelle, on les signalait soudain comme
des anarchistes qu'il était urgent de sur-
veiller, et dont peut-être il eût fallu délivrer le royaume. Ici, je dois pourtant
rendre hommage à quelques hommes éclai-
rés de cette antique noblesse et de ce clergé , respectable encore à plus d'un titre ;
ils gémissaient des efforts que l'on faisait
pour ramener dans la capitale le colosse
gigantesque de l'orgueil et de la super-
stition. Mais leurs utiles conseils n'étaient
pas mieux écoutés que ceux de Cassandre,
dont les cris ne purent écarter le cheval
fatal des tristes remparts d'Ilion.

La faction hautaine qui se croyait le
pouvoir de régler à sa volonté les destins
du grand peuple , achevait de démasquer
ses batteries : elle s'était partagé , avec
de hauts et respectables seigneurs , certains emplois obscurs, certaines missions
secrètes, qu'une longue habitude des cours
leur rendait faciles à remplir. Ces derniers
abusaient avec impudence de leur ascen-
dant sur une famille que son éducation

n'avait pas instruite dans l'art si nécessaire aux rois de pénétrer la pensée humaine, et que les circonstances avaient
rendue étrangère aux besoins, aux passions, ainsi qu'au génie du peuple que
leur naissance les appelait à gouverner;
les uns harcelaient sans pitié, à toute
heure, ce prince que son caractère loyal
et chevaleresque ne rendait que trop susceptible d'embrasser des illusions dangereuses; ils excitaient la jeunesse incon-
sidérée de ses fils à blesser les amours-
propres, faute que l'on ne pardonna jamais; les autres, sous le spécieux prétexte
de la religion outragée, conseillaient les
mesures les moins en harmonie avec l'esprit du siècle, à cette princesse, objet
touchant de tant d'égards, nouvelle Clo-
tilde, chez qui l'infortune et la douleur
avaient accru dès long-temps un pen-
chant irrésistible à la dévotion, et qui
ne croyait que rendre les Français à la
vertu, en les rappelant au culte de leurs
pères.

Ainsi se préparait de longue main le spectacle risible de ce conseil inepte du monarque hébreu qui perdit Israël, mais avec une différence qu'il était réservé à notre siècle d'offrir : c'est qu'ici toute l'inexpérience, tout le ridicule se trouvaient du côté de la vieillesse, et qu'elle seule présentait le scandale de transports condamnables et de provocations dangereuses.

Au milieu de tant d'affections divergentes, de tant d'intérêts croisés, et de tant de passions haineuses, toujours doux, conciliant, le roi, pilote, sans autorité, du vaisseau de l'état à moitié désemparé par la tempête, contrarié sans cesse dans ses manœuvres par l'équipage même qui devait le seconder ; le roi, qui par trop de bonté peut-être manquait de la persévérance et de l'opiniâtreté nécessaires dans un danger si pressant ; en un mot, du vouloir royal d'un Charlemagne ou d'un Louis XIV, se fatiguait en pure perte à rapprocher les esprits, à réparer les fautes commises. Il consolait, autant qu'il lui était possible, les guerriers mécontens des avanies qu'un jeune duc faisait journellement à des soldats dont il aurait dû être l'ami aussi bien que le guide. Tantôt le roi adressait avec art aux braves injuriés quelques-uns de ces mots heureux qui, dans une bouche royale, suffisent pour la réparation d'un outrage; tantôt il donnait avec la croix de son aïeul des épaulettes de colonel au major à qui les siennes avaient été arrachées; tantôt il rendait une épée qu'on avait ôtée injustement; il cherchait continuellement enfin à satisfaire à l'honneur méconnu.

Inutiles efforts! déjà trois partis se prononçaient dans sa cour; déjà les *royalistes purs* gourmandaient *les constitutionnels :* le bruit courut qu'on voulait enlever le monarque pour le contraindre d'abdiquer, et mettre à sa place un prince plus ferme, et qui ferait rentrer l'antique noblesse dans tous ses droits héréditaires.

Des membres en délire d'un parlement anéanti depuis tant d'années, n'avaient-ils pas porté l'oubli des principes jusqu'à refuser au roi la faculté d'accorder une constitution au peuple français? ne s'étaient-ils pas avisés de protester contre tous les actes du pouvoir souverain? Aveuglés au point d'ignorer encore au commencement du dix-neuvième siècle, que la majorité reconnue d'une nation, tient de la nature et de l'organisation sociale le droit indestructible, inaliénable, de se donner le gouvernement qui lui convient le mieux. Selon eux, les chambres dont la session avait été terminée ne devaient plus être assemblées. Les parlemens du royaume allaient reprendre leurs fonctions. Tout rentrait dans l'ordre; et c'était pour le fixer à jamais, que la haine ou la terreur des divers partis alors en présence proclamaient la résolution qu'on avait prise de laver dans le sang des forfaits que le ciel n'avait point pardonnés.

Ondes rapides du Rhône, rives long-temps paisibles de la Loire, vous fûtes de nouveau ensanglantées ; et ces sicaires noctambules, dont le petit-fils de Henri réprouvait le zèle coupable, osaient associer à leur crime le divin nom du législateur des chrétiens, de ce Dieu de clémence et de bonté qui ne parla jamais aux hommes que le langage consolant de la justice et de l'humanité.

Les insensés ! dans l'espoir déplorable de reconstruire au sein des ténèbres la nef lourde et gothique des préjugés et des abus, ils arrachaient chaque jour une pierre de l'édifice social réédifié par le génie de la lumière, et cimenté par tant de sang ; ils ne songeaient pas que ses dernières assises arrêtaient le char révolutionnaire prêt à rouler sur eux pour les écraser.

C'en était fait des belles destinées du grand peuple : cette torpeur avilissante que

des institutions surannées répandaient
depuis si long-temps autour d'elles, se
communiquait déjà de proche en proche
aux autres classes de la nation. Les hommes
énergiques disparaissaient, s'exilaient vo-
lontairement. Chaque jour diminuait leur
nombre. Dans nos places publiques, aux
promenades, des hommes aux formes
exiguës, aux cerveaux rétrécis, paraissaient comme sortis du sein de la terre
pour s'emparer de nos riches dépouilles,
et se partager les nobles trophées de
nos victoires. Leurs affections, leurs
idées, leurs mœurs, jusqu'à leur langage,
tout était nouveau pour nous. On eut dit
qu'une race de pygmées venait de succé-
der à la race de l'Hercule celtique.

Sous un gouvernement dont les membres n'avaient pu s'élever à la hauteur
de leur siècle ; sous un ministère inepte
autant qu'ombrageux, qui ne travaillait
qu'à détruire les fruits immortels de nos
victoires, et qui s'occupait sans relâche
à ramener les préjugés du 12e siècle, la

France humiliée semblait avoir à jamais perdu sa splendeur. Devenue tributaire des peuples qu'elle avait vaincus, elle était abaissée au point d'être crue incapable d'un élan généreux. Mais il n'est pas aussi facile qu'on a paru le croire, de faire rétrograder l'espèce humaine. Devait - on présumer qu'il fût éteint dans toutes les âmes, ce feu sacré du patriotisme et de l'honneur ? Non , l'armée l'avait conservé intact et pur. Dans les camps, dans les cités, dans les campagnes, tous les citoyens qui n'avaient point encore perdu le sentiment de la dignité de l'homme se soulevaient d'indignation ; une lutte épouvantable allait s'engager entre l'intérêt particulier, les préjugés d'un petit nombre, et les lumières du siècle. Des factieux pouvaient , au moment d'une défection trop prévue , ressaisir ensemble, pour se les disputer ensuite, les rênes abandonnées de l'Empire, et couvrir de meurtres les marches du trône ébranlé, ou le sanctuaire profané

des lois; mais le génie de la France veillait
sur ses destinées ; il court porter ses gé-
missemens au grand homme qui l'avait
placée au premier rang parmi les nations.
Sur les chemins de la capitale, vers les
avenues de ce trône où l'avaient élevé le
choix libre du peuple et la reconnaissance nationale, il lui montre un peuple
outragé, réclamant l'appui des lois tuté-
laires qu'il a créées ; il lui fait voir les
braves qu'il a conduits à la victoire, jugés
coupables pour avoir si long-temps partagé ses périls ; abreuvés d'humiliations,
leurs nobles cicatrices méprisées et leurs
lauriers flétris. Qu'il se montre ! qu'il
parle ! aux accens de sa voix puissante,
tous, bientôt ranimés et debout, repon-
dront par l'accent de l'héroïsme.

Cependant le vaisseau qui porte Napoléon et sa fortune vogue vers la France,
et comme en d'autres temps il sut braver
tous les dangers, pour revenir des sables
de l'Egypte rendre l'espérance à sa patrie
adoptive, le héros affronte mille morts

G

pour sortir de son exil , et reparaître triomphant au milieu du grand peuple ; et pour la seconde fois sa voile tricolore salue les rivages aimés de Fréjus.

Le 26 février , vers une heure après midi , toute la garde de l'Empereur reçut l'ordre de se préparer au départ ; jusqu'alors personne n'avait eu connaissance au-dehors de ce qui se préparait ; depuis plusieurs jours on avait pris la précaution de mettre un embargo général sur tous les bâtimens stationnés dans le port.

Que l'on se peigne la joie des compagnons d'armes de Napoléon à l'heureuse nouvelle du départ, à la seule idée qu'il était possible qu'on retournât en France ! On allait, on courait, on s'embrassait de tous côtés. Placées à une fenêtre du palais , Madame mère et la princesse Pauline contemplaient , l'œil humide , tous ces hommes intrépides qui étaient animés du même esprit, enflammés par la même pensée ; trop loin d'eux pour leur parler de l'émotion profonde dont leur cœur était pénétré, elles essayaient du moins de la leur faire comprendre par les gestes les plus expressifs, elles semblaient recommander à leur dévouement, à leur amour, un fils, un frère chéri ; mais dans son noble enthousiasme, la phalange indomptée et fidèle ne formait qu'un vœu, ne jetait qu'un cri : *Paris ou la mort !*

A quatre heures du soir, tout le monde était à bord : la petite flottille consistait dans le brick l'*Inconstant* de vingt-six canons, le chebeck de l'Empereur l'*Etoile*, la speronade la *Caroline*, le brick marchand français le *Saint-Esprit*, qui se trouvait de relâche à Porto-Ferrajo, et qui fut nolisé pour l'expédition, deux bâtimens de Rio et une petite felouque d'un négociant Elbois ; en tout six transports. Quatre cents hommes de la vieille garde, grenadiers, chasseurs, canonniers, furent embarqués sur le brick ; deux cents hommes d'infanterie, cent chevau-légers polonais, et le bataillon des flanqueurs

de deux cents, montèrent les autres bâtimens. Le peuple garnissait le port, et
faisait retentir les airs des cris prolongés
de *vive l'Empereur !*

Les trois quarts des insulaires savaient
déjà qu'ils allaient perdre leur bienfaiteur,
leur père. Le général Lapi, chambellan
de S. M., et qu'elle laissait gouverneur
de l'île d'Elbe, avait déjà répandu la
proclamation suivante :

Habitans de l'île d'Elbe,

« Notre auguste souverain, rappelé par
la Providence dans la carrière de la gloire,
a dû quitter votre île ; il m'en a confié le
commandement ; il a laissé l'administration à une junte de six habitans, et la
défense de la forteresse à votre dévouement et à votre bravoure.

» Je pars de l'île d'Elbe (a-t-il dit), je
» suis extrêmement content de la con-
» duite des habitans : je leur confie la
» défense de ce pays, auquel j'attache le
» plus grand prix ; je ne puis leur donner

» une plus forte preuve de ma confiance,
» qu'en laissant ma mère et ma sœur sous
» leur garde ; les membres de la junte et
» tous les habitans de l'île peuvent comp-
» ter sur ma bienveillance et sur ma pro-
» tection particulière. »

A huit heures du soir, S. M. se rendit sur le brick ; les comtes Bertrand, Drouot, et les principaux officiers qui l'avaient suivi dans l'île, montèrent sur l'*Incons-tant*. Aussitôt que l'Empereur fut dans le navire, un coup de canon donna le signal de départ, et l'on mit à la voile. La soirée était superbe ; le vent soufflait du sud, et paraissait favorable ; le capitaine Chau-tard avait espoir qu'avant la fin du jour l'île de Capraïa serait doublée, et que la flottille pourrait être hors de vue des croi-sières française et anglaise qui se tenaient en observation de ce côté. Cet espoir fut déçu : on avait à peine doublé le cap Saint-André de l'île d'Elbe, que le vent mollit, la mer devint calme ; à la pointe du jour on n'avait fait que six lieues, et l'on était encore entre les îles d'Elbe et de Capraïa, en vue des croisières.

Le péril paraissait imminent ; plusieurs marins ouvrirent l'avis de retourner à *Porto-Ferrajo*. L'Empereur ordonna de continuer la navigation, ayant enfin pour dernière ressource de s'emparer de la croisière française. Sa force était de deux frégates et d'un brick ; mais tout ce qu'on savait de l'attachement des équipages à la gloire nationale ne permettait pas de douter un instant qu'ils arboreraient le pavillon tricolore, et se rangeraient de notre côté. Le lendemain, vers midi, le vent fraîchit un peu ; à quatre heures on se trouva à la hauteur de Livourne ; une frégate paraissait à cinq lieues sous le vent ; une autre était sur les côtes de Corse, et de loin un bâtiment de guerre venait droit, vent arrière, à la rencontre de la flottille.

A six heures du soir, le brick que montait l'Empereur se croisa avec un brick qu'on reconnut être *le Zéphir*, commandé

par le capitaine *Andrieux*, officier aussi distingué par ses talens que par son véritable
patriotisme. Aussitôt qu'on avait aperçu
ce bâtiment on avait fait quelques préparatifs de combat, mais sans bastinguer; seulement les sabords avaient été ôtés, les
pièces chargées. S. M. disait, *laissons approcher, et s'il attaque nous sauterons à
l'abordage*; mais quand on l'eut reconnu
on crut devoir parler d'abord, et lui faire
arborer le pavillon tricolore; toutefois
l'Empereur ordonna aux soldats de la
garde d'ôter leurs bonnets et de se placer
sous le pont, préférant passer à côté du
brick sans se faire reconnaître, et se réservant le parti de le faire changer de pavillon, s'il se voyait obligé de recourir à
ce moyen. Les deux bricks passèrent bord
à bord; le lieutenant de vaisseau *Taillade*,
officier de la marine française, était très-
connu du capitaine Andrieux, et dès que
l'on fut à portée on parlementa. On demanda au capitaine Andrieux où il allait;
il répondit à Livourne : il demanda à son

tour quelle route tenait le brick l'*Incons-tant*; on lui répondit que s'il avait quel-que commission pour Gênes on s'en char-gerait avec plaisir. Il remercia, il s'excusa sur le peu de temps qu'il avait de ne pou-voir se rendre à l'offre qui lui fut faite de communiquer, et finit par demander com-ment se portait l'Empereur. *A merveille,* fut la réponse; et les deux bricks, allant en sens contraire, furent bientôt hors de la vue l'un de l'autre, sans que le capi-taine Andrieux se doutât de ce que portait ce frêle bâtiment, et quelle voix lui avait répondu.

Dans la nuit du 27 au 28 le vent con-tinua de fraîchir. A la pointe du jour on reconnut un bâtiment de 74, qui avait l'air de se diriger ou sur Saint-Florent ou sur la Sardaigne. On ne tarda pas à s'as-surer que ce bâtiment ne s'occupait pas du brick.

En route, S. M. avait annoncé à ses soldats qu'elle décorait de la croix d'hon-neur tous ceux d'entr'eux, qui, partis avec elle de Fontainebleau , comptaient quatre années de service.

Peu après l'Empereur dicta à son secrétaire, ses belles proclamations au peuple français et à l'armée. Ensuite tous ceux qui savaient écrire , officiers et soldats , se mirent à les copier. En traçant certains souvenirs , S. M. disait que ses yeux étaient dessillés , et que dorénavant elle verrait clair.

Pendant une partie de la traversée les soldats se demandaient : Allons - nous d'abord à Naples? retournons - nous tout de suite en France? Quand ils virent le brick s'approcher des parages de France, et prendre la route de la Provence, leur joie ne connut plus de bornes.

Le 28, à sept heures du matin, on découvrit les côtes de Noli; à midi, Antibes. Le premier mars , à trois heures , la flottille entra dans le golfe de Juan.

Près de débarquer , l'Empereur jeta lui-même, et fit jeter à tous les soldats , la cocarde de l'île d'Elbe, et la cocarde tricolore fut arborée aux cris de vive l'Empereur ! vive la France !

S. M. ordonna qu'un capitaine de la garde avec vingt-cinq hommes débarquât avant les troupes qui étaient dans le brick, pour s'assurer de la batterie de côte s'il en existait une. Ce capitaine conçut, de son chef, l'idée de faire changer de cocarde au bataillon qui était dans Antibes. Il se jeta imprudemment dans la place. L'officier qui y commandait pour le roi fit lever les ponts-levis et fermer les portes : sa troupe prit les armes ; mais elle sut respecter et ces vieux soldats et leur cocarde qu'elle chérissait. Cependant l'opération du capitaine échoua, et les vingt-cinq hommes restèrent prisonniers dans Antibes.

A trois heures après midi, le débarquement était achevé au golfe Juan, sur la plage de Cannes. L'Empereur sortit du brick le dernier.

On établit, jusqu'au lever de la lune, un bivouac au bord de la mer dans une vigne entourée d'oliviers. Tandis que le grand-maréchal, le comte Drouot, les généraux Cambronne, le baron Jerzmanouski et leurs officiers exécutaient les ordres qu'ils avaient reçus, et achevaient de prendre les dispositions nécessaires, S. M. se promenait seule sur la route, interrogeant les paysans et les rouliers qui passaient.

Le 2 mars, à une heure du matin, par une nuit superbe, on leva le bivouac, et l'Empereur se mit en marche à la tête de cette poignée de braves au sort de laquelle étaient attachées de si grandes destinées.

La petite troupe se rendit d'abord à Cannes. Le peuple, à peine instruit du retour miraculeux de l'Empereur, fit éclater des transports qui furent le premier présage du succès de l'entreprise. On marcha toute la nuit, et le lendemain on entra à Grasse. Sur le bruit répandu qu'un ramas de corsaires était débarqué, la ville était déserte, les boutiques fermées; mais dès que les guerriers de la garde furent parvenus à se faire connaître, dès que le nom de Napoléon eut été prononcé, le peuple sortit en foule, les boutiques se rouvrirent, et les besoins des soldats furent satisfaits ; toutes les fournitures se trouvèrent bientôt faites et payées du meilleur accord.

Après une halte d'une heure, on donna le signal du départ, alors toute la population rassemblée fit entendre les cris de vive l'Empereur ; et, pour la deuxième fois, les vœux du peuple accompagnèrent S. M. dans son voyage.

Il fallut laisser à Grasse six pièces de campagne, emmenées de l'île d'Elbe, parce qu'elles devenaient d'un transport difficile à travers les montagnes. L'Empereur se remit en marche par Saint-Vallier ; et dans la soirée du 2 il arriva au village de Cérénon, ayant fourni vingt lieues dans cette première journée.

S. M. avait fait une partie de la route à pied. On marchait vite ; l'Empereur tomba plusieurs fois, mais sans se faire de mal. Les grenadiers du grand Frédéric appelaient par amitié leur héros *Fritz ;* les grenadiers de Napoléon le nommaient entre eux *Jean de l'épée.* L'un d'eux le voyant se relever gaiement, — *A la bonne heure*, dit-il, il ne faut pas que *Jean de l'épée* se donne une entorse aujourd'hui ; il faut qu'il soit *Jean de Paris* avant ; et tous d'éclater de rire à ce propos libre et comique.

— Qu'est-ce qui fait donc rire les *grognards ?* demanda l'Empereur, en riant lui-même. Sans doute qu'il les avait entendus.

L'Empereur appelait ses soldats *grognards*, parce qu'en effet ils *grognaient* souvent de se voir contraints d'exécuter des marches aussi longues ; mais une fois arrivés au lieu de la halte, ils se disaient : *Jean de l'épée* en fait plus que nous ; le chemin que nous avons fait nous ne l'avons plus à faire.

Le 3 l'Empereur coucha à *Barême ;* le 4 il dîna à *Digne.*

De Castellane à Digne, et dans tout le

département des Basses-Alpes , les paysans , instruits de la marche de S. M. , accouraient de tous côtés sur la route , et manifestaient leur allégresse avec une énergie qui ne laissait pas de doutes sur leurs sentimens.

Le 5, le général Cambronne, avec une avant-garde de quarante grenadiers , s'empara du pont et de la forteresse de Sisteron.

Le même jour , l'Empereur coucha à Gap avec dix hommes à cheval et quarante grenadiers.

L'enthousiasme qu'inspirait la présence de S. M. dans ces départemens , aux citoyens de toutes les classes, la haine qu'ils portaient à la noblesse, montraient assez quel était le vœu général de la province du Dauphiné.

Avant de quitter ces habitans , l'Empereur leur exprima ainsi toute sa satisfaction :

*Aux habitans des départemens des Hautes
et Basses-Alpes.*

« Citoyens ,

» J'ai été vivement touché de tous les
sentimens que vous m'avez montrés ; vos
vœux seront exaucés. La cause de la
nation triomphera encore !!! Vous avez
raison de m'appeler *votre père* ; je ne vis
que pour l'honneur, et le bonheur de la
France. Mon retour dissipe toutes vos
inquiétudes ; il garantit la conservation
de toutes les propriétés. L'égalité entre
toutes les classes , et les droits dont vous
jouissiez depuis vingt-cinq ans , et après
lesquels nos pères ont tous soupiré, forment aujourd'hui une partie de votre existence.

» Dans toutes les circonstances où je
pourrai me trouver, je me rappellerai toujours, avec un vif intérêt, tout ce que
j'ai vu en traversant votre pays. »

A deux heures après'midi, le 5, l'Empereur partit de Gap, et la population de

la ville toute entière se pressa sur son passage.

A Saint-Bonnet, les habitans voyant le petit nombre de guerriers qui formaient son escorte, conçurent de vives craintes et proposèrent à S. M. de sonner le tocsin, pour réunir les villages afin de l'accompagner en masse. — « Non, dit » l'Empereur, vos sentimens me font » connaître que je ne me suis pas trompé ; » ils sont pour moi un sûr garant des » sentimens de mes soldats ; ceux que je » rencontrerai se rangeront de mon côté ; » plus ils seront, plus mon succès sera » assuré : restez donc tranquilles chez » vous. »

On avait imprimé à Digne (1) plusieurs

---

(1) Le Moniteur, que la rapidité de notre travail nous a souvent obligé de suivre dans une partie des détails circonstanciés qu'il a donnés, est exact dans ses récits, qui se trouvent absolument les mêmes que ceux recueillis par nous de plusieurs officiers qui n'ont pas quitté S. M. ; cependant le Moniteur se trouve

milliers des proclamations de S. M. à l'armée et au peuple. Ces proclamations se répandirent dans tout le Dauphiné avec la rapidité de l'éclair.

Les vérités, les grandes pensées qu'elles contenaient, réveillèrent tous les hommes qui, depuis une année, entendaient un langage si différent. Avec quelle noble simplicité et quelle mâle énergie il s'adressait à tous les souvenirs, et ranimait toutes les espérances.

PROCLAMATION A L'ARMÉE.

« Soldats !

» *Nous n'avons pas été vaincus.* Deux hommes sortis de nos rangs ont trahi nos

en cet endroit. Ce fut à Digne, et non à *Gap*, qu'on imprima pour la première fois ces proclamations que, pendant la traversée, l'Empereur dictait à bord de son brick, à tous les militaires qui savaient écrire. .

H

lauriers, leur pays, leur prince, leur bienfaiteur.

» Ceux que nous avons vus pendant vingt-cinq ans parcourir toute l'Europe pour nous susciter des ennemis, qui ont passé leur vie à combattre contre nous dans les rangs des armées étrangères, en maudissant notre belle France, prétendraient-ils commander et enchaîner nos aigles, eux qui n'ont jamais pu en soutenir les regards ? Souffrirons-nous qu'ils héritent du fruit de nos glorieux travaux ? qu'ils s'emparent de nos honneurs, de nos biens, qu'ils calomnient notre gloire ? Si leur règne durait, tout serait perdu, même le souvenir de ces immortelles journées.

» Avec quel acharnement ils les dénaturent ! ils cherchent à empoisonner ce que le monde admire ; et s'il reste encore des défenseurs de notre gloire, c'est parmi ces mêmes ennemis que nous avons combattus sur le champ de bataille.

» Soldats ! dans mon exil j'ai entendu

votre voix ; je suis arrivé à travers tous les obstacles et tous les périls.

» Votre général, appelé au trône par le choix du peuple, et élevé sur vos pavois, vous est rendu : venez le joindre.

» Arrachez ces couleurs que la nation a proscrites, et qui, pendant vingt-cinq ans, servirent de ralliement à tous les ennemis de la France ; arborez cette co-carde tricolore : vous la portiez dans nos grandes journées !

» Nous devons oublier que nous avons été les maîtres des nations ; mais nous ne devons pas souffrir qu'aucune se mêle de nos affaires. Qui prétendrait être maître chez nous ? Qui en aurait le pouvoir ? Reprenez ces aigles que vous aviez à Ulm, à Austerlitz, à Jena, à Eylau, à Fried-land, à Tudella, à Eckmülh, à Essling, à Wagram, à Smolensk, à la Moscowa, à Lutzen, à Vurtchen, à Montmirail. Pensez-vous que cette poignée de Fran-çais, aujourd'hui si arrogans, puissent en soutenir la vue ? Ils retourneront d'où ils viennent, et là, s'ils le veulent, ils régneront comme ils prétendent avoir régné depuis dix-neuf ans.

» Vos biens, vos rangs, votre gloire, les biens, les rangs et la gloire de vos enfans, n'ont pas de plus grands ennemis que ces princes que les étrangers nous ont imposés ; ils sont les ennemis de notre gloire, puisque le récit de tant d'actions héroïques, qui ont illustré le peuple français combattant contre eux pour se soustraire à leur joug, est leur condamnation.

» Les vétérans des armées de Sambre et Meuse, du Rhin, d'Italie, d'Égypte, de l'Ouest, de la Grande-Armée, sont humiliés ; leurs honorables cicatrices sont flétries ; leurs succès seraient des crimes, ces braves seraient des rebelles, si, comme le prétendent les ennemis du peuple, des souverains légitimes étaient au milieu des armées étrangères. Les honneurs, les récompenses, les affections sont pour ceux qui les ont servis contre la patrie et nous.

» Soldats! venez vous ranger sous les drapeaux de votre chef. Son existence ne se compose que de la vôtre ; ses droits ne sont que ceux du peuple et les vôtres ; son intérêt, son honneur, sa gloire, ne sont autres que votre intérêt, votre honneur et votre gloire. La victoire marchera au pas de charge ; l'aigle avec les couleurs nationales volera de clocher en clocher jusqu'aux tours de Notre-Dame : alors vous pourrez montrer avec honneur vos cicatrices ; alors vous pourrez vous vanter de ce que vous aurez fait ; vous serez les libérateurs de la patrie.

» Dans votre vieillesse, entourés et considérés de vos concitoyens, ils vous entendront avec respect raconter vos hauts faits ; vous pourrez dire avec orgueil : *Et moi aussi je faisais partie de cette grande armée* qui est entrée deux fois dans les murs de Vienne, dans ceux de Rome, de Berlin, de Madrid, de Moscou, qui a délivré Paris de la souillure que la trahison et la présence de l'ennemi y ont empreinte. Honneur à ces braves soldats, la gloire de la patrie ! et honte éternelle aux Français criminels, dans quelque rang que la fortune les ait fait naître, qui combattirent vingt-cinq ans avec l'étranger pour déchirer le sein de la patrie ! »

PROCLAMATION AU PEUPLE FRANÇAIS.

« Français,

» La défection du duc de Castiglione livra Lyon sans défense à nos ennemis ; l'armée dont je lui avais confié le commandement était, par le nombre de ses bataillons, la bravoure et le patriotisme des troupes qui la composaient, à même de battre le corps d'armée autrichien qui lui était opposé, et d'arriver sur les derrières du flanc gauche de l'armée ennemie qui menaçait Paris.

» Les victoires de Champ-Aubert, de Montmirail, de Château-Thierry, de Vauchamp, de Mormans, de Montereau, de Craone, de Reims, d'Arcy-sur-Aube et de Saint-Dizier, l'insurrection des braves paysans de la Lorraine, de la Champagne,

de l'Alsace, de la Franche-Comté et de la
Bourgogne, et la position que j'avais prise
sur les derrières de l'armée ennemie en la
séparant de ses magasins, de ses parcs de
réserve, de ses convois et de tous ses équipages, l'avaient placée dans une situation
désespérée. Les Français ne furent jamais
sur le point d'être plus puissans, et l'élite
de l'armée ennemie était perdue sans ressource ; elle eût trouvé son tombeau dans
ces vastes contrées qu'elle avait si impi-
toyablement saccagées, lorsque la trahison du duc de Raguse livra la capitale et
désorganisa l'armée. La conduite inatten-
due de ces deux généraux, qui trahirent
à la fois leur patrie, leur prince et leur
bienfaiteur, changea le destin de la guerre.
La situation désastreuse de l'ennemi était
telle, qu'à la fin de l'affaire qui eut lieu
devant Paris, il était sans munitions, par
la séparation de ses parcs de réserve.

» Dans ces nouvelles et grandes circonstances, mon cœur fut déchiré, mais mon
âme resta inébranlable. Je ne consultai

que l'intérêt de la patrie ; je m'exilai sur un rocher au milieu des mers : ma vie vous était et devait encore vous être utile, je ne permis pas que le grand nombre de citoyens qui voulaient m'accompagner partageassent mon sort ; je crus leur présence utile à la France, et je n'emmenai avec moi qu'une poignée de braves, nécessaires à ma garde.

» Elevé au trône par votre choix, tout ce qui a été fait sans vous est illégitime. Depuis vingt-cinq la France a de nouveaux intérêts, de nouvelles institutions, une nouvelle gloire qui ne peuvent être garantis que par un gouvernement national et par une dynastie née dans ces nouvelles circonstances. Un prince qui régnerait sur vous, qui serait assis sur mon trône par la force des mêmes armées qui ont ravagé notre territoire, chercherait en vain à s'étayer des principes du droit féodal, il ne pourrait assurer l'honneur et les droits que d'un petit nombre d'individus ennemis du peuple

qui depuis vingt cinq ans les a condam-
nés dans toutes nos assemblées nationales. Votre tranquillité intérieure et votre
considération extérieure seraient perdues
à jamais.

» Français! dans mon exil, j'ai entendu
vos plaintes et vos vœux ; vous réclamez
ce gouvernement de votre choix qui seul
est légitime. Vous accusiez mon long
sommeil, vous me reprochiez de sacri-
fier à mon repos les grands intérêts de
la patrie.

» J'ai traversé les mers au milieu des
périls de toute espèce ; j'arrive parmi vous
reprendre mes droits qui sont les vôtres.
Tout ce que des individus ont fait, écrit
ou dit depuis la prise de Paris, je l'igno-
rerai toujours , cela n'influera en rien
sur le souvenir que je conserve des services importans qu'ils ont rendus, car
il est des événemens d'une telle nature
qu'ils sont au - dessus de l'organisation
humaine.

» Français ! il n'est aucune nation ,

quelque petite qu'elle soit, qui n'ait eu le droit et ne se soit soustraite au déshonneur d'obéir à un prince imposé par un ennemi momentanément victorieux. Lorsque Charles VII rentra à Paris et renversa le trône éphémère de Henri VI, il reconnut tenir son trône de la vaillance de ses braves et non d'un prince régent d'Angleterre.

» C'est aussi à vous seuls, et aux braves de l'armée, que je fais et ferai toujours gloire de tout devoir. »

Le même jour 6 mars, l'Empereur vint coucher à Gorp.

Les quarante hommes du général Cambronne allèrent coucher jusqu'à Mure; ils se rencontrèrent avec l'avant-garde d'une division de six mille hommes de troupes de ligne qui venait de Grenoble pour arrêter leur marche. Le général Cambronne voulut parlementer avec les avant-postes : on lui répondit qu'il y avait défense de communiquer.

Précautions tardives, illusoires ! S'il

eût été possible que quelques chefs et un petit nombre de soldats n'eussent point encore été ébranlés par les discours de S. M., pouvait-on présumer qu'ils seraient insensibles à l'appel de leurs frères d'armes, et qu'ils pourraient croiser leurs bayonnettes et diriger leurs tubes meurtriers contre cette élite glorieuse, cette élite sortie de leurs rangs, et qui leur rappelait ainsi leur gloire passée et leur abjection présente ?

Les généraux, officiers et soldats de la Garde impériale, aux généraux, officiers et soldats de l'armée.

« Soldats et camarades,

» Nous vous avons conservé votre Empereur malgré les nombreuses embûches qu'on lui a tendues ; nous vous le ramenons au travers des mers, au milieu de mille dangers. Nous avons abordé sur la terre sacrée de la patrie avec la cocarde nationale et l'aigle impériale. Foulez aux pieds la cocarde blanche, elle est le signe de la honte et du joug imposé par l'étranger et la trahison. Nous aurions inutilement versé notre sang si nous souffrions que les vaincus nous donnassent la loi ! ! !

» Depuis le peu de mois que les Bourbons règnent, ils vous ont convaincus qu'ils *n'ont rien oublié ni rien appris.* Ils sont toujours gouvernés par les préjugés ennemis de nos droits et de ceux du peuple. Ceux qui ont porté les armes contre leur pays, contre nous, sont des héros ! vous êtes des rebelles à qui l'on veut bien pardonner jusqu'à ce que l'on soit assez consolidé par la formation d'un corps d'armée d'émigrés, par l'introduction à Paris d'une garde suisse, et par le remplacement successif de nouveaux officiers dans vos rangs. Alors il faudra avoir porté les armes contre la patrie pour pouvoir prétendre aux honneurs et aux récompenses ; il faudra avoir une naissance conforme à leurs préjugés pour être officier ; le soldat devra toujours être soldat :

le peuple aura les charges et eux les honneurs.

» Un Viomesnil insulte au vainqueur de Zurich, en se naturalisant Français, lui qui avait besoin de trouver dans la clémence de la loi pardon et amnistie. Un Brûlart, chouan sicaire de Georges, commande nos légions.

» En attendant le moment où ils oseraient détruire la Légion-d'honneur, ils l'ont donnée à tous les traîtres et l'ont prodiguée pour l'avilir. Ils lui ont ôté toutes les prérogatives politiques que nous avions gagnées au prix de notre sang.

» *Les quatre cent millions du domaine extraordinaire sur lesquels étaient assignées nos dotations*, qui étaient le patrimoine de l'armée et le prix de nos succès, ils les ont fait porter en Angleterre.

» Soldats de la grande nation, soldats du Grand Napoléon, continuerez-vous à être les soldats d'un monarque qui vingt ans fut l'ennemi de la France, et qui se vante de devoir son trône à un prince régent d'Angleterre ? Tout ce qui a été fait sans le consentement du peuple et le nôtre, et sans nous avoir consulté, est illégitime.

» Soldats, *la générale bat et nous marchons*; courez aux armes, venez nous joindre, joindre votre Empereur et nos aigles tricolores; et si ces hommes aujourd'hui si arrogans et qui ont toujours fui à l'aspect de nos armes, osent nous attendre, quelle plus belle occasion de verser notre sang et de chanter l'hymne de la victoire !

» Soldats des 7_e, 8ᵉ et 19ᵉ divisions militaires, garnisons d'Antibes, de Toulon, de Marseille, officiers en retraite, vétérans de nos armées, vous êtes appelés à l'honneur de donner le premier exemple. Venez avec nous conquérir ce trône, palladium de nos droits, et que la postérité dise un jour : Les étrangers, secondés par des traîtres, avaient imposé un joug honteux à la France; les braves se sont levés, et les ennemis du peuple, de l'armée ont disparu et sont rentrés dans le néant. »

Signé à l'original, le général de brigade baron *Cambronne*, major du premier régiment des chasseurs de la Garde ; le lieutenant-colonel chevalier *Malet* ; artillerie de la Garde, *Cornuel*, *Raoul*, capitaines ; *Lanoue*, *Demont*, lieutenans ; infanterie de la Garde, *Lamouret*, *Loubers*, *Mompez*, *Combe*, capitaines ; *Dequeux*, *Thibaut*, *Chaumet*, *Malet*, lieutenans ; chevau-légers de la Garde, le baron *Jerzmanouski*, major, *Balinski*, *Shultz*, capitaines.

Suivent les autres signatures des officiers, sous-officiers et soldats de la Garde ; signé enfin le général de division aide-de-camp de l'Empereur, aide-major-général de la Garde,

Comte DROUOT.

Cette proclamation, imprimée, répandue avec celles de S. M., était comme elles.dans toutes les mains ; soldats , villageois , citadins se la faisaient lire , la lisaient , relisaient , savaient par cœur les passages les plus marquans. Déjà même il ne pouvait plus y avoir qu'une pensée, qu'un sentiment chez tous.

Cependant l'avant-garde de la division de Grenoble recula de trois lieues, et vint prendre position dans un défilé, entre des lacs et près d'un village.

Instruit de cette circonstance, l'Empereur se porta sur les lieux. Il trouva sur la ligne opposée un bataillon du 5e de ligne , une compagnie de sapeurs, une compagnie de mineurs, en tout sept à huit cents hommes.

S. M. envoya son officier d'ordonnance, le chef d'escadron Raoul, pour faire connaître à ces troupes la nouvelle de son arrivée ; mais cet officier ne pouvait se faire entendre : on lui opposait toujours la défense qui avait été faite de communiquer. L'Empereur mit pied à terre et alla droit au bataillon, suivi de la garde, portant l'arme sous le bras. — *Me voilà, reconnaissez-moi*, leur dit-il. *S'il est parmi vous un soldat qui veuille tuer son Empereur, il peut le faire*. Le cri unanime de *vive l'Empereur !* fut leur réponse. Ce brave régiment avait été sous les ordres de S. M. dès les premières campagnes d'Italie. La garde et les soldats s'embrassèrent (1).

Les soldats du 5e· arrachèrent sur-le-champ leur cocarde blanche, et prirent avec enthousiasme et la larme à l'œil la cocarde tricolore. Lorsqu'ils furent rangés en bataille, l'Empereur dit :

---

(1) A la revue du 26 mars, aux Tuileries, S. M. , devant plus de vingt mille hommes , remercia ces braves qui passèrent devant elle :

« Je dois témoigner ma reconnaissance au brave bataillon du cinquième et à cette compagnie de mineurs qui, placés dans un défilé, vinrent en entier se ranger autour de leur Empereur , qui seul s'offrait à leurs coups. » (*Discours de l'Empereur.*)

« Je viens avec une poignée de braves,
» parce que je compte sur le peuple et
» sur vous. Le trône des Bourbons est
» illégitime, puisqu'il n'a pas été élevé
» par la nation. Il est contraire à la vo-
» lonté nationale, puisqu'il est contraire
» aux intérêts de notre pays, et qu'il
» n'existe que dans l'intérêt de quelques
» familles.

» Demandez à vos pères, interrogez
» tous ces habitans qui arrivent ici, des
» environs ; vous apprendrez de leur pro-
» pre bouche la véritable situation des
» choses : ils sont menacés du retour des
» dîmes, des priviléges, des droits féodaux,
» et de tous les abus dont vos succès les
» avaient délivrés. N'est-il pas vrai,
» paysans ? »

« — Oui, Sire, répondent-ils tous d'un
» cri unanime : on voulait nous attacher
» à la terre ; vous venez comme l'ange du
» Seigneur pour nous sauver. »

Les braves du bataillon du 5ᵉ deman-
dèrent à marcher les premiers sur la di-

vision qui couvrait Grenoble : on se mit
en route au milieu d'une foule d'habitans
qui s'augmentait encore à chaque instant.

Vizille (1) se distingua par son enthousiasme. « C'est ici qu'est née la révolution,
» disaient ces bonnes gens ; c'est nous qui,
» les premiers, avons osé réclamer les
» priviléges des hommes ; c'est encore ici
» que ressuscite la liberté française, et
» que la France recouvre son honneur et
» son indépendance. »

Quelque fatigué que fût l'Empereur,
il voulut entrer, le soir même (6 mars)
dans Grenoble.

Cependant une garnison nombreuse,
rassemblée dans cette ville, s'était encore
renforcée des 7e et 11e régimens de ligne,
arrivés de Chambéri, et du 4e de hussards,
qui avait quitté sa garnison de Vienne.
Quelques tentatives pour engager dans
une entreprise à laquelle ceux qui étaient

----

(1) Bourg à trois lieues de Grenoble.

I 2

chargés de donner des ordres ne s'asso-
ciaient peut-être qu'à regret, furent inutiles. La population entière se portait sur
les remparts et dans les lieux publics,
entraînée par ses vœux et ses espérances ;
on ne doutait pas que l'entrée de S. M.
n'eût lieu ce même jour.

Elle tardait trop au gré de ses soldats, et ses soldats coururent au-devant d'elle. A quatre heures après midi,
le 7e régiment sortit de la ville, ayant à
sa tête le colonel Henri de la Bedoyère ;
profondément navré du déshonneur qui
couvrait la France, ce régiment prouvait
ainsi, un des premiers, qu'une année
d'opprobre n'avait point flétri le cœur des
soldats, et que les braves ne reconnaissent
pour leur chef que celui qui est capable
de les conduire à la victoire.

S. M. était entre Vizille et Grenoble,
quand le jeune adjudant - major du
septième de ligne vint lui annoncer que
le quatrième régiment d'hussards, son
colonel en tête, venait à sa rencontre au

pas accéléré; une demi-heure après, ces généreux escadrons doublaient la force des troupes impériales.

La nuit arriva, et le résultat de ces événemens paraissait devoir encore être attendu jusqu'au lendemain. On avait fait rentrer les troupes dans Grenoble, et les portes de la ville furent fermées. Les remparts étaient occupés par le troisième régiment du génie, composé de deux mille sapeurs, tous vieux soldats couverts d'honorables blessures; par le onzième de ligne, les deux autres bataillons du cinquième, et par le quatrième d'artillerie de ligne, ce même régiment où, vingt-cinq ans auparavant, l'Empereur avait été fait capitaine; la garde nationale et la population entière de Grenoble étaient placées derrière la garnison.

A huit heures et demie, une avant-garde de lanciers Polonais se présente à la porte de Bonne; presqu'aussitôt l'Empereur fait son entrée dans le faubourg.

La porte de Bonne était fermée; le général Marchand avait emporté les clefs, disait - on ; cependant les hussards, le peuple des faubourgs demandaient que l'on ouvrît. On ne leur répondait que par les cris de vive l'Empereur ! Les troupes, les habitans, les canonniers qui étaient aux pièces sur les remparts , et auxquels on avait donné l'ordre de tirer, faisaient tous entendre les mêmes accens : au - dehors , au-dedans on criait à la fois vive l'Empereur ! *Il semblait que l'on fût au jour des Rameaux.*

Les sapeurs , les soldats se mirent à enfoncer la porte. Les charrons des faubourgs apportaient toutes leurs haches ; plusieurs des madriers étaient tombés , la porte à moitié enfoncée, lorsque les clefs arrivèrent.

L'avant-garde entre ; tous les citoyens accourent à la lueur des flambeaux , et presqu'aussitôt l'Empereur parait seul à la tête et en avant de son armée.

Une foule immense se précipite sur son passage ; tous se mêlent, soldats, citoyens,

et confondent leurs cris, leurs sentimens,
dans l'enthousiasme qu'inspire la vue du
souverain. Le maire, plusieurs fonctionnaires se présentent aussitôt à S. M. :
ils veulent la conduire à l'hôtel de la
Préfecture ; mais l'Empereur les remercie, et leur dit qu'il avait à Grenoble un
de ses anciens guides, nommé *Labarre*,
qui tenait l'hôtel des *Trois Dauphins*, et
que son désir était de loger chez ce brave,
parce qu'il y avait bien des années qu'il
ne l'avait vu. S. M. était à peine établie
chez son nouvel hôte, lorsque les habitans
vinrent au bruit des fanfares déposer sous le
balcon de l'hôtel des Trois Dauphins, les
débris de la porte de Bonne, qu'ils avaient
chargée sur leurs épaules, en s'écriant :
*Napoléon, nous n'avons pu t'offrir les
clefs de ta bonne ville de Grenoble ; mais
en revanche voilà les portes.*

Le lendemain l'Empereur reçut l'hommage des habitans et de toutes les autorités.

C'est ainsi que les premiers lui expri-

mèrent les sentimens d'une ville qui s'é-
tait montrée si heureuse de le revoir :

*Adresse des habitans de la ville de Gre-
noble, à S. M. l'Empereur des Français.*

« SIRE,

» Les habitans de Grenoble, fiers de posséder dans leurs murs le triomphateur
de l'Europe, le prince au nom duquel
sont attachés tant de souvenirs glorieux,
viennent déposer aux pieds de V. M. le
tribut de leur respect et de leur amour.

» Associés à votre gloire et à celle de l'armée, ils ont gémi avec les braves sur les
événemens funestes qui ont quelques instans voilé vos aigles.

» Ils savaient que la trahison ayant livré
notre patrie aux troupes étrangères, V. M.,
cédant à l'empire de la nécessité, avait
préféré l'exil momentané aux déchiremens convulsifs de la guerre civile dont
nous étions menacés.

» Aussi grand que Camille, la dictature n'avait point enflé votre courage, et l'exil ne l'a point abattu.

» Tout est changé ; les cyprès disparaissent ; les lauriers reprennent leur empire ; le peuple français, abattu quelques instans, reprend toute son énergie. Le héros de l'Europe le replace à son rang ; la grande nation est immortelle.

» Sire, ordonnez ; vos enfans sont prêts à obéir : la voix de l'honneur est la seule qu'ils suivront.

» Plus de troupes étrangères en France ; renonçons à l'empire du monde, mais soyons maîtres chez nous.

» Sire, votre cœur magnanime oubliera les faiblesses, elle pardonnera à l'erreur ; les traîtres seuls seront éloignés, et la félicité du reste fera leur châtiment.

» Que tout rentre dans l'ordre et obéisse à la voix de V. M. ; qu'après avoir pourvu à notre sûreté contre les entreprises des ennemis de l'extérieur, V. M. donne au peuple français des lois protectrices et libérales, dignes de son amour envers le souverain qu'il chérit.

» Tels sont, Sire, les sentimens des habitans de votre bonne ville de Grenoble; que V. M. daigne en agréer l'hommage. »

Signés, Proby, notaire; Fayet aîné, Pierre Falcon, Boissonnet, avocat; Pierre Triolle, licencié en droit; Ovide Lallemant, docteur en chirurgie; Blanc, notaire; Laurent, Bregnat, avoué à la Cour; Fournier-Chavasse, avoué à la Cour; Trouilloud, notaire, Byot, Pellat, Allegret, Delaye, Rey, Virard, Etienne Guerin, Hellie, capitaine de la garde nationale; Victor Trouilloud, Servoz, Gavin, Chevrier, Bailly, Lenoir, avocat; Mauclert, docteur en médecine; Blanc, Payre, capitaine, officier de la Légion-d'honneur; Dumoulin, officier d'ordonnance de S. M.; Rey, chef de bataillon d'artillerie; Penet, négociant; Chevrier, avoué; Robert, négociant; Rivier, notaire,

capitaine de la garde nationale ; Bi-
gillion, greffier du tribunal ; Frier,
médecin ; Oddos Bertrand, Guillot,
avoué ; Hache, Lagrange, Duport,
Lavillette, bâtonnier de l'ordre des
avocats ; Breton, médecin ; Jovin,
Brun, Dorel, Pison, Calvat, Mar-
quis, Arnaud, Delile, Bidal, Baret
aîné, Ferrand, avocat ; Blaise, Colet,
Drevet, Ducros, avocat ; Gabour,
avocat ; Dupuis, Chabert, Mauran,
Thevenet, Dufour, Perrin, Dufresne,
Blanc, Duclos, Brunet, Mallet, Clerc,
Bennoit, Lavaudin, major de la garde
nationale ; Rey, capitaine de la garde
nationale ; Quinquandon, Naviset,
Charvet, maître de poste ; Raynaud,
médecin, etc. etc. etc.

RENAULDON, maire.

Les discours des chefs militaires et ceux
des magistrats offraient la même una-
nimité d'opinion. Tous disaient que des
princes imposés par une force étrangère

n'étaient pas des princes légitimes , et qu'on n'était tenu à aucun engagement envers ces princes dont la nation ne voulait pas.

A deux heures, l'Empereur passa la revue de ses troupes , au milieu de la population de tout le département , et aux cris : *A bas les Bourbons ! à bas les ennemis du peuple ! L'Empereur et un gouvernement de notre choix !*

La garnison de Grenoble , immédiatement après, se porta sur Lyon à marches forcées.

S. M. en s'éloignant de cette ville, qui venait de lui donner des marques si touchantes de son amour , exprima ainsi sa satisfaction à tous les habitans du département.

Aux habitans du département de l'Isère.

« Citoyens ,

» Lorsque, dans mon exil, j'appris tous les malheurs qui pesaient sur la nation, que tous les droits du peuple étaient méconnus, et qu'il me reprochait le repos dans lequel je vivais, je ne perdis pas un moment. Je m'embarquai sur un frêle navire ; je traversai les mers au milieu des vaisseaux de guerre de différentes nations ; je débarquai sur le sol de la patrie, et je n'eus en vue que d'arriver avec la rapidité de l'aigle dans cette bonne ville de Grenoble, dont le patriotisme et l'attachement à ma personne m'étaient particulièrement connus.

» Dauphinois ! vous avez rempli mon attente.

» J'ai supporté, non sans déchirement de cœur, mais sans abattement, les malheurs auxquels j'ai été en proie il y a un an ; le spectacle que m'a offert le peuple sur mon passage m'a vivement ému. Si quelques nuages avaient pu arrêter la grande opinion que j'avais du peuple français, ce que j'ai vu m'a convaincu qu'il était toujours digne de ce nom de *Grand Peuple* dont je le saluai il y a plus de vingt ans.

» Dauphinois ! sur le point de quitter vos contrées pour me rendre dans ma bonne ville de Lyon, j'ai senti le besoin de vous exprimer toute l'estime que m'ont inspirée vos sentimens élevés. Mon cœur est tout plein des émotions que vous y avez fait naître ; j'en conserverai toujours le souvenir. »

Une remarque qui n'a pas échappé aux observateurs, c'est qu'en un clin-d'œil les six mille hommes de la garnison de Grenoble se trouvèrent parés d'une cocarde nationale, vieille et usée ; car en quittant leur cocarde tricolore, ils l'avaient cachée au fond de leurs *shakos.* Pas une ne fut achetée au Petit-Grenoble C'est la même, disaient-ils en passant devant l'Empereur, c'est la même que nous portions à Austerlitz ! Celle-ci, disaient d'autres, nous l'avions à Marengo.

Le 9 mars, S. M. coucha à Bourgoin.
La foule et l'enthousiasme allaient, s'il
était possible, en augmentant. — Il y a
long-temps que nous vous attendions, disaient tous ces braves gens à l'Empereur.
Vous voilà enfin arrivé pour délivrer la
France de l'insolence de la noblesse, des
prétentions des prêtres, et de la honte
du joug étranger !

De Grenoble à Lyon la marche de l'Empereur ne fut qu'un triomphe. L'Empereur
fatigué était dans sa voiture, allant toujours au pas, environné d'une foule de
paysans chantant des chansons qui exprimaient toute la noblesse des sentimens
des braves Dauphinois.

— « Ah ! dit l'Empereur, je retrouve
» ici les sentimens qui, il y a vingt ans,
» me firent saluer la France du nom de
» la grande nation. Oui, vous êtes encore
» la grande nation, et vous le serez tou-
» jours. »

Combien les récits de la marche de

l'Empereur , insérés dans les journaux officiels qu'on faisait circuler alors dans la capitale , ressemblaient peu à la vérité ! Que les scènes qui se passaient à Paris, aux Tuileries, étaient loin d'offrir à la pensée, et les rêves de l'espérance et la sécurité d'une juste cause !

Dès le 5 mars, le cabinet des Tuileries avait été instruit du débarquement de l'homme extraordinaire que depuis onze mois tous les genres d'outrages, joints aux plus révoltantes calomnies , semblaient n'avoir voulu flétrir que pour grandir encore sa renommée. Frappé d'épouvante, le roi fit les plus grands efforts pendant trois jours pour reprendre une apparence de tranquillité, et dans le public on répandit le bruit qu'il avait été légèrement indisposé.

Ce ne fut que le 8 qu'une dépêche télégraphique annonça que l'*homme de l'île d'Elbe était débarqué, et que Murat, réduit aux dernières extrémités, parce*

*que le congrès lui enlevait son royaume,
avait fait un traité avec cet aventurier coupable, pour désoler la France.*

D'abord l'on paraît à peine faire atten-
tion à cet événement. Celui qui, à la tête
d'un million de Français, souffla d'un
bout de l'Europe à l'autre la discorde et
la guerre, reparaît à peine escorté de
douze cents misérables ; mais ce n'est plus
l'homme qui pouvait fasciner les yeux par
les prestiges de ses succès militaires. Le
talisman est brisé. Ces mêmes soldats
dans lesquels il trouvait naguère une
obéissance aveugle quand il les conduisait à la mort, ont opposé à sa coupable
invasion une invincible résistance. Sujets
de Louis XVIII, il n'ont plus vu dans
Bonaparte qu'un ennemi et qu'un rebelle.

Ce rebelle, pourtant, qui n'a trouvé
que des obstacles, s'avance toujours. La
chambre des pairs, la chambre des députés sont assemblées extraordinaire-
ment. Les ministres font des communi-

K

cations importantes; et les mandataires de la nation, en déclarant que *quelles que soient les fautes commises, ce n'est pas le moment de les examiner,* invitent tous les Français à se rallier autour de la bannière des lis, contre l'oppresseur qui ne veut ni patrie, ni gouvernement, ni liberté. Ils préparaient des lois si sages sur les impôts, les finances, le maintien et la dotation irrévocable de la légion d'honneur; ils consacraient la responsabilité des ministres; la liberté de la presse allait être définitivement accordée.; pourquoi faut-il que *le génie du mal* soit venu renverser toutes les espérances (1)! Mais partout l'ennemi commun sera repoussé avec horreur; car ce n'est pas seulement à notre souverain légitime et bien-aimé qu'il voudrait une seconde fois enlever la couronne, il vient

---

(1) Discours du président Laisné.

encore briser cette charte constitutionnelle (1) , sacré palladium du salut de
l'Etat.

Une ordonnance du Roi déclarait Bonaparte traître à l'Etat, commandait de
courir sus; et tandis que des nouvelles
mensongères et grossièrement tissues annonçaient que l'exterminateur était cerné , battu, mis en fuite , de stupides
mesures , un développement immense
autant que ridicule de moyens de défense , n'apprenaient que trop tout ce
que cherchait vainement à cacher la

---

(1) Pour certains plaisans le thermomètre de
la cour paraissait réglé d'une manière vraiment
remarquable. Les royalistes purs ne prononçaient jamais qu'en grimaçant le mot *Charte*.
Nous ne connaissons que *le Roi*, disaient-ils avec
arrogance. Ces expressions, *idées libérales*, étaient
proscrites par eux. Mais ces messieurs avaient-
ils peur? ils parlaient *Constitution;* et on les
jugea bien malades quand on vit les idées li-
brales couchées en toutes lettres dans les écrits
des ministres.

K 2

crainte et la fureur, la haine et l'impuis-
sance.

Tels étaient l'ineptie et l'aveuglement
de ces conseillers titrés qui perdirent
les Bourbons, qu'ils regardaient comme
un trait de désespoir la plus héroïque
de toutes les actions, et ne doutaient
point que Bonaparte ne tombât bientôt
en leur pouvoir. *C'était un insensé, que
son dernier acte de démence achevait de
faire connaître.*

Monsieur, frère du roi, se rendait en
poste à Lyon, pour exterminer *une poignée de rebelles.* Une dépêche télégraphique annonçait l'arrivée du prince dans
la seconde ville de l'Empire, avec le duc
d'Orléans et le comte de Damas ; et presqu'aussitôt on publia au Palais-Royal,
aux Tuileries même, que Monsieur et le
duc d'Orléans avaient battu Bonaparte
en avant de Lyon ; les hussards perfides
du 4e, leur colonel parjure, avaient été
hachés par les gardes nationaux de Lyon
et des cités voisines. La troupe de ligne,

d'abord spectatrice oisive , s'était enfin
décidée à seconder la garde nationale.
Les paysans avaient achevé le massacre
des traîtres. Napoléon , à peine suivi de
deux cents hommes , courait s'ensevelir
dans les Alpes , où bientôt il serait
pris mort ou vivant. Ainsi des succès
imaginaires égaraient l'opinon publique
dans la capitale.

Les Lyonnais pouvaient-ils avoir oublié
ces aigles mille fois triomphantes, une fois
trahies, jamais vaincues? et lors même que
leurs cœurs auraient pu en ce moment
pardonner ce qu'avaient récemment tenté
au milieu d'eux l'orgueil , la haine et la
vengeance , le sang français ne coulait-il
pas dans leurs veines ? A la vue du héros
de Marengo , d'Jéna , d'Austerlitz ; à l'aspect de ses fidèles compagnons d'armes ,
devaient-ils balancer un moment ? Le
vœu de l'armée et du peuple n'était-il
pas aussi leur vœu ? Rappelés au caractère noble et fier qui distingua toujours
les vrais Lyonnais, à ce caractère que dix

mois de vexations n'avaient fait que re-
tremper encore, *gloire*, *honneur*, *patrie*
étaient plus que jamais leur devise.

Cependant le comte d'Artois, le duc d'Orléans, plusieurs maréchaux, ignorant encore que rien n'est possible en France aux
agens de l'étranger, quand le peuple est
armé dans sa propre cause, s'agitaient en
tous sens pour s'assurer les troupes : l'argent avait été prodigué aux soldats, les
promesses aux officiers. La garnison de
Lyon, composée du 24ᵉ d'infanterie de
ligne et du 13ᵉ de dragons, avait été renforcée par le 20ᵉ régiment, tiré de Mont-
brisson. Un appel venait d'être fait à la
garde nationale, les deux ponts sur le
Rhône étaient barricadés.

Le prince passe les troupes en revue et
essaie de les enflammer pour la cause
royale. Vains efforts ! dernière et inutile
ressource d'un gouvernement débile, qui
n'a pu ni ranimer des affections depuis
long-temps éteintes, ni faire oublier à
l'armée des drapeaux qui pendant vingt-

cinq ans ont parcouru triomphans toutes les capitales de l'Europe, et porté le nom français au plus haut degré d'illustration.

Le 10 mars au matin, le comte d'Artois fit encore une tentative sur l'esprit des troupes ; il se montra dans tous les rangs, mais il les trouva glacés. Vainement, en parlant aux moindres soldats, en leur présentant même la main, chercha-t-il à se montrer plus que populaire. Les soldats, surtout les dragons du 13e, retiraient leurs mains, et dans un morne silence ne répondaient que par un froid sourire aux cris de *vive le roi !* que faisaient retentir l'escorte du prince et la garde nationale à cheval qui l'accompagnaient.

Enfin S. A. royale, s'adressant elle-même à un vieux militaire que des cicatrices et trois chevrons décoraient : —Allons, camarade, crie donc vive le roi ! —Non, monsieur, répond ce brave dragon, aucun soldat ne combattra contre son père ! Je ne puis vous répondre qu'en criant vive l'Empereur !

Les princes virent alors qu'ils n'avaient plus d'autre ressource que de partir et d'emmener les troupes.

Le maréchal duc de Tarente arriva, visita les travaux. Les préparatifs de résistance semblèrent recommencer ; il fut même question de couper le pont de la Guillotière et le pont Morand.

L'Empereur riait de ces ridicules préparatifs ; il ne pouvait avoir de doutes sur les résolutions des Lyonnais, encore moins sur les dispositions des soldats ; cependant il avait donné ordre au général Bertrand de réunir des bateaux à Mirbel, dans l'intention de passer pendant la nuit, et d'intercepter les routes de *Moulins* et de *Mâcon*, au prince qui voulait lui interdire le passage du Rhône.

Dans Lyon, quelque peu d'énergie communiquée par Macdonald, offrait en apparence l'intention de se défendre. Les régimens s'étaient rapprochés des ponts ; mais chacun savait que les premiers postes de l'Empereur se trouvaient sur la rive gauche du Rhône, dans le faubourg de la Guillotière, où leur présence excitait le plus vif enthousiasme : on savait aussi que tous les soldats attendaient leurs frères d'armes pour se jeter dans leurs bras, et l'Empereur pour saluer encore en lui le soutien de la patrie. Les Lyonnais redemandaient déjà hautement le génie puissant qui avait relevé les murs de leur cité désolée par les anarchistes ; qui protégeait leur commerce, faisait fleurir leurs manufactures, et qui n'avait peut-être été malheureux que parce qu'il avait voulu faire trop de bien à la France.

A trois heures après midi, le duc de Tarente conduisit sur le pont de la Guillotière deux bataillons d'infanterie. Pendant qu'ils s'approchaient des barricades, une reconnaissance du 4e de hussards, de ce régiment qui avait le premier rejoint les aigles en avant de Grenoble, déboucha du faubourg de la Guillotière, et se présenta sur le pont, précédé par une centaine de jeunes gens de ce faubourg, qui criaient comme eux, *vive l'Empereur!* et suivi de quelques escadrons.

Les troupes de l'un et de l'autre côté se joignent aussitôt aux barricades; le même cri part simultanément de toutes les bouches : les poutres, les arbres qui baraient le chemin sont jetés dans le Rhône. Les soldats s'embrassent avec transport et se mettent en marche pour entrer dans la ville. Plus de vingt mille habitans rangés sur le quai du Rhône et sur le cours Napoléon, où ils étaient témoins de cette guerre d'une nouvelle espèce, font retentir les airs de leurs acclamations sans cesse répétées. Tous les officiers et soldats du 20e, du 24e de ligne, et du 13e de dragons s'abandonnent enfin aux mouvemens de leur cœur. *Vive l'Empereur!* n'est de leur part qu'un seul cri. Ils courent au-devant des hussards, et tous se rangent ensuite sur la place Bonaparte.

Le comte d'Artois avait déjà quitté Lyon, n'ayant pour escorter sa voiture qu'un seul garde national à cheval. Le duc de Tarente s'était retiré, ainsi que le gouverneur, comte de Damas. Le duc d'Orléans, le préfet Chabrol venaient également de quitter la ville; mais tous les officiers supérieurs étaient restés, et c'est avec la plus vive satisfaction que les soldats contemplèrent au milieu d'eux le général de division Brayer.

A cinq heures la garnison se reporta sur le pont de la Guillotière et au-delà, à la rencontre de l'Empereur; à sept heures l'armée qui venait de Grenoble commença à faire son entrée à Lyon, au milieu des mêmes acclamations.

Aussitôt que l'Empereur avait été entouré de l'armée, et que son avant-garde eut été reçue de l'immense population d'un faubourg qui s'est toujours distingué par son attachement à la patrie, le passage de Mirbel avait été contremandé, et S. M. se porta au galop sur Lyon, pour se mettre à la tête des troupes qui devaient lui en défendre l'entrée.

A sept heures du soir, l'Empereur traversa le faubourg de la Guillotière, presque sans suite, sans gardes, mais environné de l'immense population des Lyonnais accourus sur son passage, et faisant entendre de tous côtés les accens de leur joie.

Le lendemain 11, S. M. passa en revue, sur la place Bonaparte, toute la division de Lyon ; et le brave général Brayer, à leur tête, se mit en marche pour avancer sur la capitale.

Que l'on se fasse une juste idée du spectacle imposant qu'offrait une réunion de vingt mille braves de toute arme, retrouvant le chef qu'ils idolâtraient, lui jurant de nouveau le plus inviolable dévouement, et confondant leurs cris d'allégresse avec ceux d'un peuple nombreux, également avide de contempler le héros qui venait de traverser une seconde fois les mers, pour exaucer encore les souhaits de la Grande Nation !

Ce qui augmentait l'ivresse générale, c'est que l'on se ressouvenait qu'environ un an auparavant, une armée autrichienne couvrait cette même place de ses bataillons, qui s'appelaient insolemment nos *libérateurs*.

A ce souvenir se joignait celui de l'abandon universel et désespérant dans lequel M. le comte d'Artois avait été laissé la veille, même par ses propres amis, par ceux qui, le matin encore, faisaient serment de le suivre et de mourir pour leur roi. Comme tout a changé dans le même jour ! Leçon terrible pour des princes qui pensaient gouverner une nation malgré elle ; qui, en essayant de rajeunir des institutions usées, des doctrines politiques entièrement ruinées par le temps et la raison, ignoraient sans doute qu'il y a une éducation pour un peuple comme pour un individu, et que ce peuple ne retourne jamais de la virilité à l'enfance.

S. M. reçut le même jour les principales autorités de Lyon. Dans une audience de près de deux heures, accordée au corps municipal, elle daigna laisser entrevoir tout ce qu'elle méditait pour le bonheur des Lyonnais et de la France entière ; elle s'entretint long-temps aussi avec messieurs les conseillers de la cour impériale sur les articles les plus importans du Code.

Les jeunes messieurs qui formaient la garde nationale à cheval de Lyon, vinrent aussi présenter leurs hommages à l'Empereur, réclamant l'honneur de garder sa personne.

L'Empereur leur dit : — « Votre conduite envers le comte d'Artois me fait juger de ce que vous feriez à mon égard, si j'éprouvais un revers. Je vous remercie de vos services. » Mais à peine arrivée à Paris, S. M. fit remettre la décoration de la légion d'honneur au gé-

néreux citoyen qui n'avait point abandonné le prince (1).

M. Fourier, préfet du département
de l'Isère, s'était réfugié à Lyon. Avant
de quitier Grenoble, il avait, par ses
proclamations, excité tous les habitans
à repousser l'aventurier, le rebelle qui
débarquait de nouveau sur les rivages de
Fréjus. Mais l'aventurier libérateur, n'y
descendit la première fois que pour détrôner l'anarchie; et cette fois il ne dé-
barqua encore aux mêmes rives que pour
détrôner le despotisme. S. M. revit avec
plaisir dans M. Fourier le savant éclairé
qui avait accompagné le général Bonaparte en Égypte; et elle ne crut pas pouvoir mieux se venger des proclamations
du préfet de l'Isère, ni mieux reconnaître
l'affection des Lyonnais, qu'en appelant
aux fonctions de préfet du Rhône le

---

(1) Journal de l'Empire du 21 mars.

magistrat estimable et vertueux dont elle n'avait jamais perdu le souvenir.

Le soir, les deux théâtres de Lyon retentirent des mêmes acclamations qui ne cessaient de se faire entendre dans toute la ville, et redoublaient chaque fois que l'Empereur se montrait. Tout le temps qu'il séjourna à Lyon, des députations des cités environnantes et des départemens voisins, une foule d'officiers, de fonctionnaires, de citoyens de toutes les classes, accouraient de très - loin pour déposer à ses pieds l'hommage du dévouement et de la fidélité de leurs concitoyens. Napoléon, à l'île d'Elbe, n'avait point perdu son Empire, il y rentrait après onze mois d'absence; et déjà il régnait dans tous les lieux où pénétrait la nouvelle de cet étonnant retour.

Et à Paris, où l'on venait de voir revenir en fugitif celui que devait vaincre le favori de la Victoire; à Paris, où l'on ne cherchait plus à dissimuler l'entrée de l'Empereur à Lyon, on disait qu'il

n'y avait été accueilli que par le morne
désespoir de tous les citoyens ; que quelques maisons de la place Bellecour n'a-
vaient illuminé que parce qu'une soldatesque effrénée cassait les vitres à coups
de fusil ; encore la plupart des habitans
préféraient-ils voir briser les carreaux de
leurs fenêtres. Toute la classe des négocians était dans la consternation. Bonaparte, qui avait voulu emprunter quelques millions, venait d'essuyer un refus.
Sans argent, il payait tout avec des bons
impériaux, dont personne ne voulait. Les
villageois n'apportaient plus de provi-
sions dans les marchés, ne se souciant
pas de vendre à la troupe , hors d'é-
tat de les solder autrement qu'en papier.
De plus, il était avéré (1) que Napoléon
faisait replier ses avant-postes sur Lyon ,
instruit de la marche du maréchal Ney. Ce
général s'avançait à sa rencontre, à la

____

(1) Voyez les journaux.

L

tête de dix mille hommes animés de cette énergie et de ce courage qu'il ne pouvait manquer de leur communiquer.

La plus grande partie du 13e dragons, entraînée un moment par les séductions de l'ennemi, avait enfin senti toute l'horreur de sa position ; officiers, soldats s'étaient rangés du côté du maréchal Ney, qui les avait reçus comme des enfans égarés.

Ce dernier événement avait fait la plus vive impression sur la troupe de Bonaparte ; depuis ce moment elle paraissait encore plus qu'auparavant inquiète, incertaine et consternée : sa plus grande force ne passait pas huit mille hommes de toute arme ; il était donc clairement démontré qu'il avait éprouvé des défections et des abandons considérables ; enfin il était constant, d'après des témoins oculaires, qu'aux revues qu'il avait passées dans Lyon, il n'avait pas au-delà de quatre mille hommes d'infanterie et de six à sept cents chevaux.

D'un autre côté, les troupes parties de Valence, et le corps du général Miolis, composé de volontaires dévoués, brûlaient d'atteindre les coupables, et formaient un corps considérable sur les derrières de Bonaparte. Marseille et toute la Provence, Bordeaux et tout le midi, animés de ce vif enthousiasme qui crée des soldats nombreux au roi et à la patrie, s'armaient pour la sauver. Sur les routes de Lyon, les dispositions des départemens promettaient un plein succès. Toutes les dépêches annonçaient l'inébranlable attachement des troupes à la cause royale ; le Roi lui-même se confiait à la foi des soldats de la garde impériale ; et le maréchal Oudinot conduisait à Paris, autour de S. M., *cette vieille garde qui s'est réservé la gloire d'être le modèle et l'exemple de toutes les armées* (1).

———————————

(1) Il sera curieux un jour d'examiner de sang-froid les démarches de certains politiques. Depuis un an ces militair s des vieilles bandes

Les puissances même, réunies au congrès, avaient déclaré que Bonaparte ayant rompu son ban, les traités conclus avec lui étaient nuls, et qu'il ne pouvait plus être regardé que comme un brigand désormais hors de la loi commune des nations.

Cependant il fallait bien avouer qu'avant même l'arrivée de Napoléon, et au seul bruit de son retour, de son entrée dans Lyon, « les villes de Mâcon, Châlons,

---

étaient en butte aux injures et au mépris, pour s'être montrés fidèles à leur général. On avait besoin d'eux, on les cajolait.

« Mais il est encore un tribut d'estime par-
» ticulier qu'il m'est impossible de ne pas payer
» à cette garde fidèle. Il est à remarquer que
» depuis dix mois qu'elle ne fait plus la guerre,
» pas une seule réprimande n'a été méritée par
» aucun officier ni aucun soldat de ce corps »
(*Discours de l'abbé Montesquiou*, *ministre de l'intérieur*, *à la chambre des députés*, *séance du 14 mars.*)

» Dijon, Tournus, s'étaient déclarées en
» faveur de cet homme dont le parti di-
» minuait chaque jour. C'était donc le
» moment de le montrer sous les couleurs
» les plus odieuses : Napoléon avait an-
» noncé dans ses proclamations qu'il ve-
» nait rendre aux Français leurs droits
» politiques et leur existence nationale ;
» on le représenta comme un factieux san-
» guinaire, qui cherchait un appui dans
» ce système d'anarchie et de terreur,
» auquel nous avons dû les années les
» plus affreuses de la révolution. Si le
» peuple de Mâcon, si toute la popula-
» tion de Dijon, après le départ des gar-
» nisons de ces villes, dirigées contre l'u-
» surpateur, se sont livrés à un mouve-
» ment désorganisateur ; si les habitans
» de Châlons ont précipité dans la Saône
» quelques pièces d'artillerie, dans la
» crainte de les voir tonner contre celui
» que leurs cœurs attendaient, c'est uni-
» quement, disait-on, parce que ses cou-
» reurs, ou plutôt ses émissaires sont par-

» venus à soulever *cette lie de la populace*
» *à laquelle il ne faut que présenter l'oc-*
» *casion du brigandage pour la porter à*
» *tous les excès* (1) , et les dernières
» classes du peuple seules ont pris part à
» ces actes criminels. Bonaparte enfin, cal-
» culant le petit nombre de soldats qui l'en-
» toure encore , et reconnaissant l'insuf-
» fisance de ses moyens pour couvrir son
» front et ses flancs , avait usé de sa der-
» nière ressource , en organisant partout
» l'insurrection des paysans contre les
» riches propriétaires ; mais il ne réussi-
» rait pas à rendre les bons citoyens vic-
» times d'une horrible anarchie ; déjà les
» mesures les plus énergiques ont fait ren-
» trer dans l'ordre les séditieux. L'ennemi
» est cerné de toutes parts , il ne peut
» échapper à son juste châtiment , et
» c'est parce qu'il ne se dissimule plus

---

(1) Extrait des journaux et nouvelles offi-
cielles du temps.

» sa perte irrévocable ; c'est parce qu'il
» ne peut plus ni marcher en avant, ni
» rétrograder, que ce grand capitaine,
» jadis si actif, mais dont les facultés
» ont bien baissé, s'amuse à Lyon à
» passer la revue de sa petite troupe. »

S. M. en était déjà sortie, et se dirigeait sur Villefranche; mais avant de quitter la seconde ville de l'Empire, de nombreux décrets, datés de Lyon, 13 mars 1815, annonçaient déjà à tous les Français que leur Empereur venait de reprendre l'exercice du pouvoir souverain, et que l'interrègne avait cessé.

Ces décrets annullaient tous les changemens arbitraires opérés dans les tribunaux, rétablissaient dans tous ses droits la cour de cassation, en réintégrant ses membres renvoyés; ils supprimaient tous les généraux et officiers émigrés, introduits dans l'armée depuis le 1er avril 1814; les corps étrangers admis à la garde du souverain, toute la maison militaire du Roi; rétablissaient la garde impériale

dans toutes ses prérogatives. Les appa-
nages des Bourbons , les biens rendus aux
émigrés , et qui appartenaient à la légion
d'honneur , aux hospices, etc. , étaient
mis par un de ces décrets sous le séquestre.

Les lois de l'assemblée constituante,
des assemblées nationales, furent remi-
ses en vigueur. La noblesse fut abolie ,
S. M. se réservant de donner des titres ,
comme récompense nationale , à ceux qui
avaient bien mérité de la patrie. Les pro-
motions faites, pendant l'absence de S. M.,
dans la légion d'honneur, furent annulées;
la cocarde blanche , les décorations du lis ,
les ordres de saint Louis, du saint Esprit,
de saint Michel supprimés , et la cocarde,
le drapeau tricolores , arborés partout.

Un dernier décret enfin, le plus solen-
nel , dissout la chambre des pairs et la
chambre des communes , et ordonne la
réunion des colléges électoraux de l'empire , à Paris , en assemblées extraordinaires du *Champ-de-Mai* , pour arrêter
une constitution , selon l'intérêt et la vo-

lonté de toute la nation , et assister en même temps au couronnement de l'impé-ratrice et du prince impérial.

Les sentimens que, pendant deux jours, les habitans de Lyon et les paysans des environs avaient témoignés à l'Empereur, l'avaient tellement touché, qu'il ne pou-vait leur exprimer ce qu'il sentait , qu'en disant : *Lyonnais , je vous aime.* C'était pour la seconde fois que les acclamations de cette ville étaient le présage des nou-velles destinées réservées à la France. En s'éloignant de ses murs , S. M. voulut laisser aux Lyonnais un souvenir des beaux momens qu'elle leur avait dus, et leur peignit ainsi toute sa satisfaction.

Aux habitans de la ville de Lyon.

« Lyonnais !

» Au moment de quitter votre ville pour me rendre dans ma capitale , j'éprouve le besoin de vous faire connaître les sentimens que vous m'avez inspirés. Vous avez toujours été au premier rang dans mon affection. Sur le trône ou dans l'exil, vous m'avez toujours montré les mêmes sentimens. Ce caractère élevé qui vous distingue spécialement , vous a mérité toute mon estime. Dans des momens plus tranquilles, je reviendrai pour m'occuper de vos besoins et de la prospérité de vos manufactures et de votre ville.

» Lyonnais, je vous aime. »

Le 13, à trois heures après midi, l'Empereur arriva à Villefranche, petite ville de quatre mille ames, qui en renfermait en ce moment plus de soixante mille. Il s'arrêta à l'hôtel-de-ville. Un grand nombre de militaires blessés lui furent présentés.

Il entra à Mâcon à 7 heures du soir , toujours environné du peuple des cantons voisins. La vieille garde s'était embarquée à Lyon, sur la Saône, et le rejoignit dans cette ville. Accueilli par tous les habitans avec transport, il leur témoigna son étonnement du peu d'efforts qu'ils avaient faits dans la dernière guerre pour se défendre contre l'ennemi et soutenir l'honneur des Bourguignons. « Sire, lui répondit-on, pourquoi aviez-vous nommé un mauvais maire ? »

A Tournus, S. M. n'eut que des éloges à donner aux habitans pour la belle conduite et le patriotisme qui , dans ces circonstances difficiles , ont distingué Tournus, Châlons et Saint-Jean-de-Lône. A Châlons , qui pendant quarante jours a résisté aux forces de l'ennemi et défendu le passage de la Saône , l'Empereur s'est fait rendre compte de tous les traits de bravoure , et ne pouvant se rendre à Saint-Jean-de-Lône , il a du moins envoyé la décoration de la légion d'honneur au digne maire de cette ville.

Ce fut à cette occasion que S. M. dit à une foule de citoyens de toutes les classes , et aux courageux villageois qui l'entouraient : « C'est pour vous, braves gens , que j'ai institué la légion d'hon-

neur , et non pour les émigrés pen-.
sionnés par nos ennemis. »

L'Empereur reçut à Châlons la députation de la ville de Dijon. Les Dijonnais
venaient de chasser de leur sein le préfet,
et le mauvais maire dont la conduite
dans la dernière campagne a déshonoré
leur cité. L'Empereur destitua ce maire,
en nomma un autre, et confia le commandement de la division au brave général Devaux.

Le 15, l'Empereur vint coucher à Autun, et d'Autun il alla coucher à Avalon.
Il trouva sur cette route les mêmes sentimens que dans les montagnes du Dauphiné.

Toujours S. M. était en avant, courant
la poste, presque seul, ou avec très-peu
de monde. C'était une faible escorte de
ses lanciers polonais, qui s'étaient montés
en route avec tous les chevaux qu'ils
avaient pu se procurer.

Aussitôt qu'on était instruit de son
passage, toute la population des cam-

pagnes, femmes, enfans accouraient sur le grand chemin, faisant retentir les airs des cris de *vive l'Empereur!* et d'expressions qui ne témoignaient que trop combien l'imprudence du parti qui croyait naguères pouvoir tout asservir, avait exaspéré cette portion la plus nombreuse de l'Etat, cette classe laborieuse et respectable de cultivateurs, soulevée d'indignation à la seule idée du retour des dîmes et du servage féodal (1).

---

(1) Il faut tout dire, afin de prouver à des êtres aveuglés encore, que les excès auxquels ils se livraient pouvaient produire des excès terribles. Ces cris étaient *à bas la calotte*, et il s'y joignait de ces refrains populaires où le roi et les nobles étaient loin d'être menagés. Entr'autres refrains que les femmes, les enfans, les hommes même chantaient sans cesse, était celui-ci :

> Roule ta boule,
> Roi cotillon,
> Rends la couronne à Napoléon.

Les paysannes disaient aux grenadiers de la garde : — Quand vous passerez dans notre village faites-nous le plaisir d'*enrôler notre curé.*

L'Empereur, en traversant des lieux dévastés par l'ennemi , interrogea plus d'une fois le maire , les principaux habitans des villages, des hameaux, où les traces des ravages étaient encore entières. Tous se plaignaient d'avoir été traités sans pitié sous le gouvernement qui finissait. Les propriétaires des fermes incendiées, les fermiers dont tous les bestiaux avaient été enlevés, tous les chevaux pris, n'avaient pu se faire dégrever d'aucune charge, et les contributions avaient été exigées partout avec la dernière rigueur.

. S. M. rétablit dans leurs places tous les fonctionnaires publics qui avaient été destitués pour avoir contribué à la défense de la patrie contre l'étranger. Les habitans de Chiffet étaient particulièrement l'objet des persécutions du sous-préfet de Semur, parce qu'ils avaient pris les armes contre les ennemis de la France. L'Empereur donna ordre de s'assurer de la personne de ce jeune administrateur , accusé de plus d'une injustice, et de le faire juger et punir.

L'Empereur déjeuna le 17 à Vermanton et se rendit de suite à Auxerre, où le préfet Gamot était resté fidèle à son poste. Le brave 14ᵉ, qui arrivait d'Orléans, venait de fouler aux pieds la cocarde blanche. S. M. passa en revue ces intrépides soldats, qui s'étaient si bien montrés dans les guerres d'Espagne. Elle s'entretint familièrement avec les officiers, et questionna de vieux soldats sur leurs années de service, leur rappelant les affaires où ils s'étaient trouvés. Plusieurs se plaignaient : — « Vous nous devez des croix; nous avons été oubliés parce que nous n'étions pas sous vos yeux. Cependant nous avons fait notre devoir. »

L'Empereur aperçut un porte-aigle, décoré de trois chevrons : — « Et toi, lui dit-il en lui serrant légèrement l'oreille, combien as-tu de service? — Vingt-trois ans, Sire. — Nous étions donc ensemble à l'affaire de Rivoli, où nous prîmes sept pièces de canon? — Oui, Sire. — Je vois que tu es un bon soldat, j'aurai soin de toi. »

Il est impossible de se figurer l'enthousiasme de cette vieille phalange. S. M. distribua elle-même des décorations à ceux qui étaient désignés comme en étant les plus dignes. Ces étoiles d'honneur étaient le prix de vrais services. L'intrigue ne pouvait les payer.

Le régiment ne tarda pas à quitter Auxerre, et arriva à Paris en un jour et demi, malgré une distance d'environ quarante-cinq lieues. Que n'obtiendrait-on pas de tels soldats qui ont retrouvé un tel chef!

L'Empereur apprit à Auxerre que le 6e de lanciers avait également arboré la cocarde tricolore, et se portait sur Montereau, pour garder ce pont contre un détachement de gardes-du-corps qui voulait le faire sauter. Les jeunes gardes-du-corps n'étaient pas encore accoutumés aux coups de lances; ils prirent la fuite à l'aspect de ce corps, et on leur fit deux prisonniers.

Le comte Bertrand, major-général, avait donné l'ordre de réunir à Auxerre tous les bateaux qu'on pourrait se procurer, pour embarquer l'armée qui était déjà forte de quatre divisions, et la porter le soir même à Fossart, de manière à pouvoir arriver à une heure du matin à Fontainebleau.

S. M. se préparait à quitter Auxerre lorsqu'elle fut rejointe par le prince de la Moskowa. Dès le 13, à Lons-le-Saulnier, ce maréchal avait fait arborer la cocarde tricolore à l'armée qui était sous ses ordres. La veille, pour sonder lès âmes de tous ces guerriers, il leur avait commandé de marcher au nom du roi; et leur silence, leur immobilité, n'avaient pu lui laisser un doute sur leurs sentimens unanimes. Dès le matin, le lendemain, l'ordre du jour suivant avait causé une ivresse générale.

M

ORDRE DU JOUR.

Le maréchal prince de la Moskowa aux troupes de son gouvernement.

« Officiers, sous-officiers et soldats,

» La cause des Bourbons est à jamais perdue ! La dynastie légitime que la nation française a adoptée va remonter sur le trône : c'est à l'Empereur Napoléon, notre souverain, qu'il appartient seul de régner sur notre beau pays ! Que la noblesse des Bourbons prenne le parti de s'expatrier encore, où qu'elle consente à vivre au milieu de nous, que nous importe ? La cause sacrée de la liberté et de notre indépendance ne souffrira plus de leur funeste influence. Ils ont voulu avilir notre gloire militaire ; mais ils se sont trompés : cette gloire est le fruit de trop nobles travaux, pour que nous puissions jamais en perdre le souvenir.

» Soldats ! les temps ne sont plus où l'on

gouvernait les peuples en étouffant tous leurs droits : la liberté triomphe enfin, et Napoléon, notre auguste Empereur, va l'affermir à jamais. Que désormais cette cause si belle soit la nôtre et celle de tous les Français! Que tous les braves que j'ai l'honneur de commander se pénètrent de cette grande vérité !

» Soldats! je vous ai souvent menés à la victoire, maintenant je veux vous conduire à cette phalange immortelle que l'Empereur Napoléon conduit à Paris, et qui y sera sous peu de jours; et là, notre espérance et notre bonheur seront à jamais réalisés. *Vive l'Empereur!*»

Lons-le-Saulnier, 13 mars 1815.

Le maréchal d'Empire,

Signé PRINCE DE LA MOSKOWA.

Tandis que l'Empereur et son armée se dirigeaient sur Fontainebleau, ces mêmes illusions qui avaient toujours empêché la vérité de parvenir jusqu'aux

Bourbons, de se faire entendre autour
du trône de Louis XVIII, continuaient
d'abuser sa cour et ses ministres, la capitale et les mandataires du peuple. La
séance royale du 16 mars avait fait une
impression profonde. Le monarque, les
princes s'étaient rendus à la chambre des
députés des départemens, à laquelle les
pairs, les maréchaux, les grands dignitaires s'étaient aussi réunis.

Le roi avait déclaré qu'à soixante ans
il ne pouvait mieux terminer sa carrière
qu'en mourant pour la défense de son
peuple. Alors, pour la première fois, il
avait juré le maintien de cette *charte
constitutionnelle qu'il avait donnée, de
cette charte, son plus beau titre de gloire
aux yeux de la postérité.*

« Rallions-nous autour d'elle, avait
» dit le monarque, qu'elle soit notre
» étendart sacré ; les descendans de
» Henri IV s'y rangeront les premiers....
» Que le concours des deux chambres
» donne à l'autorité toute la force qui

» lui est nécessaire ; et cette guerre vrai-
» ment nationale prouvera par son heu-
» reuse issue ce que peut un grand peu-
» ple uni par l'amour de son roi et la loi
» fondamentale de l'Etat. »

Monsieur à son tour, et le duc de Berri
avaient juré sur l'honneur de vivre et
de mourir fidèles au Roi et à la charte
constitutionnelle qui assurait le bonheur
des Français.

L'assemblée entière, électrisée, jurait
aussi, les mains étendues vers le trône ;
on n'entendait que ces mots : *Vive le roi,
mourir pour le roi, le roi à la vie et à la
mort*, et pas un cri pour la patrie !

Dès le lendemain le gouvernement dé-
clare qu'il a mis au rang de ses devoirs
de dire constamment la vérité ; qu'il con-
naît trop bien les Français, pour n'être
pas certain qu'ils seront toujours dignes
de l'entendre ; (1) et pour commencer à

____

(1) Moniteur , article officiel.

être véridique, il annonce comme certain
et positif, *que la désertion continue d'une
manière étonnante dans la troupe de Bonaparte*; que le 6ᵉ régiment de hussards a
remis le calme dans Dijon, et que partout
les traîtres sont arrêtés, comprimés, pu-
nis; que le général Marchand est rentré
dans Grenoble aux acclamations unanimes des habitans; que Lyon a de même
secoué le joug momentané que Bonaparte
avait fait peser sur cette ville; qu'à Lille,
à Metz, à Laon, à Soissons, le drapeau
blanc est arboré, promené; que tous
les jeunes gens forment des volontaires
royaux; que toutes les troupes demandent
à marcher contre *l'usurpateur qui voudrait
remettre la France sous son joug de fer*;
enfin, que les corps de la maison du roi,
l'élite des gardes nationales parisiennes,
une armée innombrable, invincible, est
prête à l'anéantir.

En même temps on sème l'or dans la
capitale, on flatte le peuple, on exalte la
garde nationale, on caresse les officiers

et les soldats. Le roi , les ministres pro-
clament, dans leurs appels à la nation et
à l'armée, que tous les Français, égaux
par la constitution, doivent l'être pour la
défendre; que les soldats doivent se rallier au panache du grand Henri pour la
défense de la liberté publique et des lois.
Désormais ce sera parmi l'élite *des soldats
fidèles* que S. M. choisira elle-même des
officiers. Les soldats qui ont un moment
suivi les drapeaux rebelles seront reçus
comme des enfans égarés. La chambre
des députés propose de faire déclarer
nationale la guerre contre Bonaparte ;
d'appeler tous les Français aux armes ,
de faire compter triple la campagne contre
lui; d'accorder des indemnités aux militaires qui ont perdu leurs dotations (1).

---

(1) CHAMBRE DES DÉPUTÉS , 18 mars.

Projet de loi.

Art. 1. La guerre est déclarée nationale contre Bonaparte.

Mais l'Empereur avançait toujours, et le délire de la fureur impuissante fut à son comble. Des millions furent envoyés

---

2. Tous les Français sont appelés à prendre les armes.

3. Tous les employés qui s'enrôleront conserveront pendant ce temps leurs appointemens, et auront droit de préférence à un avancement.

4. Il pourra être sursis par les tribunaux civils et du commerce, pendant un mois, contre tous ceux qui prendront du service.

5. Le temps de l'étude sera compté pour tous les jeunes gens qui serviront.

6. Tous les citoyens seront requis d'arrêter les embaucheurs de Bonaparte.

7. La campagne contre Bonaparte comptera triple.

8. Il sera frappé une médaille que l'on délivrera à tous ceux qui ont marché contre l'ennemi commun.

9. Tout placard ou affiche contre les acquéreurs de domaines nationaux, ou en faveur des droits féodaux, dîmes et autres droits seigneuriaux, sera considéré comme complot, et entraînera la réclusion.

10. Tout citoyen qui serait rentré dans le devoir au bout de trois ou quatre jours, aura

à Metz à la vieille garde, qui refusa de marcher contre son héros ; d'autres millions partirent pour la Vendée, dernier espoir des royalistes ; mais un Bourbon et les plus fameux chefs des chouans ne purent y organiser la guerre civile. Des placards sanguinaires couvrent les murs de la capitale. La tête de Napoléon est mise à prix. Trois millions sont promis, dit-on, par le commerce de Marseille à qui le frappera (1). Des sicaires connus

---

droit aux faveurs mentionnées dans un des articles précédens.

11. Il sera accordé une indemnité aux militaires qui auront perdu leurs dotations. (*Ce projet est renvoyé dans les bureaux.*)

(1) Jamais les négocians d'aucune ville de France n'ont été capables de prendre une pareille détermination. Si quelques - uns d'entr'eux, égarés par leur intérêt personnel, ont pu se laisser entraîner trop loin pour l'honneur des commerçans, on peut opposer à leur exemple, qui n'a point été contagieux, la conduite des négocians de Grenoble et de Lyon.

A Grenoble, le commerce a offert vingt mil-

sont élargis des prisons, chargés de missions secrètes ; on passe en revue et la garde nationale et la maison du roi ; et des corps de volontaires se forment, se dirigent sur Essonne, Villejuif. Des camps sont formés. Les princes cherchent, en se popularisant, à regagner l'affection du soldat. Le duc de Berri visite les casernes (1). Des gens *comme il faut*, pleins

---

lions à S. M. , disant qu'ils se *seigneraient jusqu'au dernier sol* pour voir la France heureuse. L'Empereur les a refusés.

A Lyon, des offres semblables furent faites, et le bruit courut à la bourse que S. M., qui les refusa aussi, avait trois cent millions chez les banquiers de Paris.

(1) Arrivé à la caserne de Popincourt, à l'heure où les soldats mangent la soupe, S. A. prit une cuillière pour la goûter. — *Vous arrivez trop tard, vous la trouverez froide*, lui dit un vieux soldat dont il avait emprunté la cuillière.

Dans une autre caserne, le duc exprimait son indignation de ce que les murailles étaient couvertes des mots *vive l'Empereur*, et de ce qu'une expression impropre précédait ces mots:

d'espoir dans leur éloquence , font boire les soldats , leur donnent de l'argent , les

---

pour Louis XVIII. Le colonel , qui s'excusait vainement , est poussé à bout par l'humeur du prince. — Que voulez - vous que je fasse , Mgr. , lui dit-il , je fais tous les jours laver les murs , un quart d'heure après il y en a autant.

De quoi peut-on se plaindre? disait , il y a quelques mois , au général L... , le même duc , irrité de quelques mécontentemens qui se manifestaient déjà dans la troupe ; la France après tant de travaux ne doit - elle pas bénir le repos dont-elle jouit ?— Eh! Mgr. , appelez-vous du repos *une halte dans la boue?*

Quelques *Messieurs* de Paris avaient emmené des soldats boire, et raisonnaient sur leur vrais intérêts. —De quoi vous plaignez-vous ? Le roi ne vous paye-t-il pas bien; n'êtes-vous pas heureux? Vous ne vous battez plus ; vous ne risquez pas de périr mutilés sur un champ de bataille. C'est vrai. — Au lieu qu'avec votre *Bonaparte,* vous étiez toujours au bivouac, toujours en marche ; il vous sacrifiait par milliers , il ne vous payait pas. S'il revient il vous payera

excitent à défendre le roi. Les princes
devaient combattre à la tête des pha-

encore moins. — *Et si nous voulons lui faire
crédit*, nous, sarpejeu ?....

L'année dernière des femmes aimables de la
capitale s'apitoyaient sur le sort des pauvres Co-
saques. Le mouchoir blanc à la main, arborant
les lis, de jeunes épouses, de jeunes mères, en
redemandant ardemment les Bourbons paraissaient n'embrasser que la cause de l'humanité.
Pourquoi donc avons-nous vu cette année ces
mêmes femmes *si sensibles*, *si humaines*, applaudir
à la noire action d'un garde.... qui, devant le
palais du roi même, avait plongé son épée dans
le sein d'un malheureux désarmé, parce qu'il
avait crié : *vive l'Empereur ?* Comment ont-elles
pu elles-mêmes assommer, à coups de para-
pluie, un autre imprudent las d'entendre crier
vive le Roi ! L'esprit de parti peut donc porter le
sexe le plus faible à un degré d'exaspération bien
condamnable, puisqu'on a vu dans les cercles
du meilleur ton , les 19 et 20 mars de jeunes
demoiselles de quinze à dix-huit ans demander
avidement aux mousquetaires et chevau-légers
qui entraient : *est-il tué ?*... Et ce peuple qu'on

langes formées de compagnies d'officiers.
Rentrés avec eux, associés à leur desti-

---

nous peint si atroce, ces soldats qui ne sont habitués qu'au carnage, que répondaient-ils à toutes les provocations ? Ils attendaient paisiblement le retour du *printemps* et de *la violette*. Ils buvaient gaiement à la santé du *camarade la Violette*. S'ils faisaient un petit repas entr'eux, ils laissaient vide la place de ce bon père *la Violette*, qui se faisait tant attendre au gré de leur impatience ; car c'était ainsi que tous les soldats appelaient en France, dans leur affection, celui que ses grenadiers fidèles et chéris nommaient à l'île d'Elbe *Jean de l'Épée*.

Un journal recherché pour le piquant de ses saillies a rendu, d'une manière extrêmement originale, la façon de parler de jour en jour plus respectueuse, avec laquelle on s'exprimait sur le compte de l'Empereur, dans certains journaux ainsi que dans certaines sociétés :

L'*Exterminateur* a signé le 25 février un traité d'alliance offensive et défensive, on ne sait avec qui ; le 26 le *Corse* est parti de l'île d'Elbe ; le 30 *Bonaparte* est débarqué à Canne avec six cents hommes ; le 4 mars le *général Bonaparte* s'est emparé de Grenoble. Le 11, *Napoléon* a fait son entrée à Lyon ; hier l'*Em-*

née, des vieillards s'étaient montrés dans les rangs de la maison du roi, armés, et ne respirant que combats. Le canon de la guerre civile allait retentir presque sous les murs de la capitale. Ces soutiens de la cause royale voulaient donner le signal. Ils se promettaient de foudroyer les premiers ces *cohortes rebelles*, représentées en si petit nombre, et qui devaient, sans riposter, recevoir les premiers coups. Elles s'offraient, ces vieilles cohortes, la batterie de leurs fusils encore enveloppée du mouchoir qu'elles y avaient placé le jour de leur débarquement au Golfe-Juan.

---

pereur a été reçu à Fontainebleau, au milieu des acclamations, et *S. M. impériale* est attendue aux Tuileries demain 20 mars, jour anniversaire de la naissance de S. M. le roi de Rome.

Deux jours avant le départ des Bourbons on lisait à la porte des Tuileries : L'Empereur prie le roi de ne plus lui envoyer de soldats ; il en a assez.

Mais en vain les princes se montraient-ils à la garde nationale ; en vain le Roi jurait-il qu'il ne quitterait pas la capitale. Le comte d'Artois cessa de se montrer ; la discorde se mit dans le parti royal ; des injures sanglantes, de violens reproches exaspéraient les chefs , enlevaient au Roi jusqu'aux ressources dernières qu'il eût pu trouver dans les conseils et dans l'appui de ceux qui l'avaient perdu. Les ministres déclarèrent qu'ils ne voyaient pas de moyen de résistance ; et Louis XVIII, accompagné de sa maison militaire , partit le 20 mars , à une heure du matin, jour anniversaire de la naissance du roi de Rome.

Ce même jour , à quatre heures du matin , l'Empereur arriva à Fontaine-bleau. A sept heures , il apprit que les Bourbons avaient abandonné Paris , et que la capitale était libre. S. M. passait en revue, dans la cour du palais, un régiment de lanciers , lorsque sa garde de l'île d'Elbe et une partie de son armée,

embarquée à Auxerre , arrivèrent. L'Empereur partit aussitôt pour la capitale.

Le général Excelmans avait fait arborer, à deux heures, l'étendard tricolore
sur les Tuileries. La population entière
de la capitale se portait dans les jardins,
au Carrousel , sur les boulevards. La
garde nationale de Paris était partout à
son poste, en ce moment où l'exercice
du gouvernement était suspendu. Dès
midi elle avait quitté la cocarde blanche
et repris la cocarde vraiment française ,
sur l'autorisation de M. le grand-cham-
bellan Montesquiou , son nouveau général. Une révolution sans exemple s'achevait sans le moindre désordre. La joie et
l'enthousiasme du peuple répondaient de
la tranquillité.

Tous les officiers généraux alors à Paris,
et quelques grands dignitaires , étaient
partis dès le matin à la rencontre de
S. M. Le comte Lemarrois, son ancien
aide-de-camp, était de ce nombre ; on le vit
le premier en avant sur la route d'Es-

sonne, accompagnant une superbe voiture à six chevaux, qu'il destinait à ramener l'Empereur.

Plusieurs autres brillans équipages à six chevaux suivaient par intervalles, et étaient également destinés à S. M. L'une de ces voitures resta même pendant quelques heures sur le grand chemin, près d'une belle ferme, au-dessus de Villejuif. On l'entourait; plusieurs personnes essayèrent en plaisantant d'effacer la peinture fraîchement appliquée sur les panneaux, pour y revoir les armes impériales.

Ce brillant cortége et une foule immense joignirent l'Empereur vers les six heures du soir. Mais il ne voulut monter dans aucune de ces voitures, et resta dans sa calèche de voyage. C'était la même qui l'avait conduit de Fontainebleau à l'île d'Elbe, et qui le ramenait dans son palais des Tuileries. Huit ou neuf autres voitures de poste, remplies des personnes de la suite de S. M., venaient après. Des deux côtés du chemin, les lanciers polonais de sa garde lui servaient d'escorte et éclairaient eu même temps la route.

Arrivé aux portes de Paris, l'Empereur vit venir à sa rencontre l'armée que devait commander le duc de Berry. Officiers, soldats, généraux, infanterie légère, infanterie de ligne, lanciers, dragons, cuirassiers, artillerie, tous se pressèrent au-devant de leur général et de leur Empereur. La cocarde blanche, pendant vingt-cinq ans le signe de ralliement des ennemis de la France et du peuple, fut foulée aux pieds, et la cocarde tricolore arborée par chaque soldat, qui l'avait dans son sac.

L'Empereur devança bientôt toute cette armée en délire; et à neuf heures du soir, au moment où on l'attendait le moins, il entra aux Tuileries. Une scène attendrissante, une scène d'enthousiasme l'y attendait. S. M. pouvait à peine traverser la foule des officiers qui l'entouraient ; c'était à qui approcherait, toucherait, presserait le monarque, le héros qui leur était rendu. Il fut obligé de leur dire, presque suffoqué par son émotion : — *Mes amis, vous m'étouffez.*

S. M. se trouvait très-fatiguée ; au bas du grand escalier des Tuileries, le comte de Montalivet, quelques aides de-camp et autres officiers, prirent malgré lui l'Empereur dans leurs bras et le portèrent en quelque sorte jusque dans ses appartemens.

S. M. y trouva la reine Hortense, la princesse Julie, et une partie des anciens ministres et des principaux officiers de sa maison.

La nuit de ce jour tous les officiers réformés ou à la demi-solde, qui formaient ce qu'on appelait *le Bataillon sacré*, bivouaquèrent dans la cour du Carrousel, et firent le service du palais conjointement avec la garde nationale.

Ce bataillon sacré s'était formé, depuis Grenoble, des officiers de tout grade, qui, sur la route, venaient se joindre à la vieille garde, et s'avançaient avec elle vers Paris. Tous ceux qui étaient montés marchaient en avant avec les Polonais.

De même, en route, tous les militaires qui se trouvaient en semestre, en congé, venaient spontanément s'offrir à leurs frères d'armes, demandaient à marcher. Les paysans voulaient aussi accompagner S. M. : on avait peine à arrêter ce zèle qui eut mis la disette en chemin. Jusqu'à une foule d'enfans de douze à quinze ans qui suivaient l'armée, voulant servir l'Empereur, être fifres, tambours, en attendant qu'ils fussent assez grands pour être soldats.

Le 21, dès le matin, une immense population obstruait tous les environs du palais. Bourgeois, artisans, militaires, chacun exprimait à sa manière les sentimens dont son âme était remplie. Il échappait au peuple de ces mots dont l'originalité énergique ne manque jamais son effet : — Voilà *le grand entrepreneur* revenu, disaient les ouvriers, nous mangerons du pain à présent.

A une heure après midi, l'Empereur passa la revue de toutes les troupes qui composaient alors l'armée de Paris. Toute la capitale a été témoin des sentimens d'enthousiasme et de dévouement qui animaient ces généreux soldats : tous avaient reconquis leur patrie ; tous avaient retrouvé dans les couleurs nationales ces souvenirs de gloire, de grandeur, qui ne meurent jamais dans une âme française.

Après que l'Empereur eut passé dans tous les rangs, et que les troupes se furent formées en bataillons carrés, S. M. leur adressa ce discours :

« Soldats, je suis venu avec neuf cents
» hommes en France, parce que je comp-
» tais sur l'amour du peuple et sur le
» souvenir des vieux soldats. Je n'ai pas
» été trompé dans mon attente! Soldats!
» je vous en remercie. La gloire de ce
» que nous venons de faire est toute au

» peuple et à vous ! La mienne se ré-
» duit à vous avoir connus et appré-
» ciés.

» Soldats, le trône des Bourbons était
» illégitime ; puisqu'il avait été relevé
» par des mains étrangères, puisqu'il
» avait été proscrit par le vœu de la na-
» tion exprimé par toutes nos assemblées
» nationales ; puisqu'enfin il n'offrait de
» garantie qu'aux intérêts d'un petit
» nombre d'hommes arrogans dont les
» prétentions sont opposées à nos droits.
» Soldats, le trône impérial peut seul
» garantir les droits du peuple, et sur-
» tout le premier des intérêts, . celui de
» notre gloire.

» Soldats, nous allons marcher pour
» chasser du territoire ces princes auxi-
» liaires de l'étranger ; la nation non seu-
» lement nous secondera de ses vœux,
» mais même suivra notre impulsion. Le
» peuple français et moi nous comptons
» sur vous. Nous ne voulons pas nous mê-
» ler des affaires des nations étrangères ;

» mais malheur à qui se mêlerait des
» nôtres ! »

Ce discours fut accueilli par les acclamations du peuple et des soldats.

Un instant après le général Cambronne
et des officiers de la garde du bataillon
de l'île d'Elbe parurent avec les anciennes
aigles de la garde. Ce brave bataillon était
parti à deux heures du matin d'Essonne ,
où il avait pris quelque repos , pour se
rendre à la revue de S. M. Il avait ainsi
franchi en dix-huit jours tout l'espace
entre le Golfe-Juan et Paris , espace qu'en
temps ordinaire on met quarante-cinq
jours à parcourir.

A la vue des aigles l'Empereur reprit la
parole et dit aux soldats : « Voilà les of-
» ficiers du bataillon qui m'a accompa-
» gné dans mon malheur. Ils sont tous
» mes amis. Ils étaient chers à mon cœur !
» Toutes les fois que je les voyais, ils me
» représentaient les différens régimens
» de l'armée ; car dans ces six cents braves,

» il y a des hommes de tous les régimens.
» Tous me rappelaient ces grandes jour-
» nées dont le souvenir est si cher , car
» tous sont couverts d'honorables cica-
» trices reçues à ces batailles mémorables !
» En les aimant, c'est vous tous , soldats
» de toute l'armée française, que j'aimais.
» Ils vous rapportent ces aigles ! qu'elles
» vous servent de point de ralliement ! En
» les donnant à la Garde , je les donne à
» toute l'armée.

» La trahison et des circonstances mal-
» heureuses les avaient couvertes d'un
» crêpe funèbre ! mais grâce au peuple
» français, et à vous elles reparaissent res-
» plendissantes de toute leur gloire. Jurez
» qu'elles se trouveront toujours partout
» où l'intérêt de la patrie les appellera !
» Que les traîtres et ceux qui voudraient
» envahir notre territoire n'en puissent
» jamais soutenir le regard ! »

« Nous le jurons ! » s'écrièrent avec enthousiasme tous les soldats. Les troupes

défilèrent ensuite au son de la musique ,
qui jouait l'air : *Veillons au salut de
l'Empire* !

Ainsi s'est terminée , sans rencontrer
un obstacle, sans effusion de sang , sans
brûler une amorce , cette magnanime
entreprise qui rétablit la nation dans ses
droits , dans sa gloire , et efface la souillure que la trahison et la présence de l'é-
tranger avaient répandue sur la capitale ;
ainsi s'est manifesté le vœu unanime du
Grand Peuple ; les combinaisons de la
politique étrangère , les rêves de la plus
insultante présomption se sont dissipés.
Les préjugés , les prétentions de la faction royale , n'ont servi qu'à dessiller
tous les yeux. L'esprit public est recréé
en France. C'est ce feu sacré des premiers
jours de la révolution. Malheur maintenant aux monarques qui oseraient s'élever
contre la volonté puissante de la France
libre, et guidée par le plus grand capitaine
du siècle !

C'est maintenant que l'Europe peut juger quel est du Roi ou de l'Empereur le souverain légitime des Français : le premier, le fils des Bourbons, n'arrive dans cette France, que ses nobles conseillers lui représentent comme le patrimoine de ses aïeux, son héritage et le leur, qu'escorté de cinq cent mille baïonnettes étrangères ; le second, élevé sur le pavois de Pharamond et de Clovis par les descendans de ces Francs qui donnaient le trône au plus digne, après onze mois d'exil et d'outrage s'élance à la voix de la nation qui le rappelle, du rocher d'où l'on voulait encore le bannir ; il descend, à peine suivi de mille guerriers, à deux cents lieues de la capitale, traverse le royaume, et repasse sous les arcs de triomphe qu'il a élevés, que les rois ses rivaux respectèrent ; rentre dans ce palais où ses aigles, ses chiffres existaient encore, en voyant ses peuples, ses armées, tous les vœux, tous les cœurs voler sur son passage.

Cet homme, que suivant notre usage

nous avons appris de l'univers à admirer,
et sur le front duquel tous les monarques
ont consenti à laisser un diadême ; il ne
lui manquait peut-être que l'expérience
du malheur, que les dures leçons de l'ad-
versité pour gouverner selon nos vœux et
nos droits: un concours inouï d'événemens
extraordinaires lui a fait éprouver ce
qu'aucun souverain n'avait éprouvé
avant lui ; il a été calomnié par ses
flatteurs.

Maintenant et désormais, c'est au nom
de la souveraineté du peuple qu'il veut
régner. Les Français ont reconquis leur
liberté, la France sa force politique.
Un ministère imposant veille au salut
de l'état ; bientôt des lois fondées sur
ces principes immuables, consacrés par
les lumières du siècle, seront irrévocablement fixées par le consentement vo-
lontaire de la nation assemblée. La
solennité du Champ - de - Mai , comme
aux temps de Charlemagne et des rois
Francs , ralliera toutes les affections

autour du trône et de la patrie ; et en
dépit des prédictions de la haine et de
la vengeance déçue, nous ne verrons revenir ni ces temps d'anarchie révolutionnaire, où, du haut de la tribune aux
harangues , des orateurs démagogues
signalaient à la proscription jusqu'à la
vieillesse et l'enfance , ni ces époques
désastreuses de Rome et de Bisance, qui
livrèrent le double empire des Césars aux
caprices des gardes prétoriennes, à l'ava-
rice d'une soldatesque effrénée qui faisait
ou défaisait à son gré les Empereurs.

F I N.

www.ingramcontent.com/pod-product-compliance
Ingram Content Group UK Ltd.
Pitfield, Milton Keynes, MK11 3LW, UK
UKHW021641170726
13836UKWH00005B/2325